essentials

Essentials liefern aktuelles Wissen in konzentrierter Form. Die Essenz dessen, worauf es als „State-of-the-Art" in der gegenwärtigen Fachdiskussion oder in der Praxis ankommt. *Essentials* informieren schnell, unkompliziert und verständlich

- als Einführung in ein aktuelles Thema aus Ihrem Fachgebiet
- als Einstieg in ein für Sie noch unbekanntes Themenfeld
- als Einblick, um zum Thema mitreden zu können

Die Bücher in elektronischer und gedruckter Form bringen das Fachwissen von Springerautor*innen kompakt zur Darstellung. Sie sind besonders für die Nutzung als eBook auf Tablet-PCs, eBook-Readern und Smartphones geeignet. *Essentials* sind Wissensbausteine aus den Wirtschafts-, Sozial- und Geisteswissenschaften, aus Technik und Naturwissenschaften sowie aus Medizin, Psychologie und Gesundheitsberufen. Von renommierten Autor*innen aller Springer-Verlagsmarken.

Lutz Unterseher

Trump: Die ersten 100 Tage

Lutz Unterseher
Berlin, Deutschland

ISSN 2197-6708 ISSN 2197-6716 (electronic)
essentials
ISBN 978-3-658-48654-9 ISBN 978-3-658-48655-6 (eBook)
https://doi.org/10.1007/978-3-658-48655-6

Die Deutsche Nationalbibliothek verzeichnet diese Publikation in der Deutschen Nationalbibliografie; detaillierte bibliografische Daten sind im Internet über https://portal.dnb.de abrufbar.

© Der/die Herausgeber bzw. der/die Autor(en), exklusiv lizenziert an Springer Fachmedien Wiesbaden GmbH, ein Teil von Springer Nature 2025

Das Werk einschließlich aller seiner Teile ist urheberrechtlich geschützt. Jede Verwertung, die nicht ausdrücklich vom Urheberrechtsgesetz zugelassen ist, bedarf der vorherigen Zustimmung des Verlags. Das gilt insbesondere für Vervielfältigungen, Bearbeitungen, Übersetzungen, Mikroverfilmungen und die Einspeicherung und Verarbeitung in elektronischen Systemen.
Die Wiedergabe von allgemein beschreibenden Bezeichnungen, Marken, Unternehmensnamen etc. in diesem Werk bedeutet nicht, dass diese frei durch jede Person benutzt werden dürfen. Die Berechtigung zur Benutzung unterliegt, auch ohne gesonderten Hinweis hierzu, den Regeln des Markenrechts. Die Rechte des/der jeweiligen Zeicheninhaber*in sind zu beachten.
Der Verlag, die Autor*innen und die Herausgeber*innen gehen davon aus, dass die Angaben und Informationen in diesem Werk zum Zeitpunkt der Veröffentlichung vollständig und korrekt sind. Weder der Verlag noch die Autor*innen oder die Herausgeber*innen übernehmen, ausdrücklich oder implizit, Gewähr für den Inhalt des Werkes, etwaige Fehler oder Äußerungen. Der Verlag bleibt im Hinblick auf geografische Zuordnungen und Gebietsbezeichnungen in veröffentlichten Karten und Institutionsadressen neutral.

Springer VS ist ein Imprint der eingetragenen Gesellschaft Springer Fachmedien Wiesbaden GmbH und ist ein Teil von Springer Nature.
Die Anschrift der Gesellschaft ist: Abraham-Lincoln-Str. 46, 65189 Wiesbaden, Germany

Wenn Sie dieses Produkt entsorgen, geben Sie das Papier bitte zum Recycling.

Was Sie in diesem *essential* finden können

- Informationen über das Leben Donald Trumps, seine persönliche Umgebung und die politischen Helfer,
- eine Übersicht der politischen Impulse, die er nach seiner Wahl – und insbesondere seit seiner Amtseinführung – gesetzt hat,
- eine vorsichtige Einschätzung der Bedeutung, die wesentlichen Maßnahmen und Festlegungen des US-Präsidenten vor allem auch für die Europäer zukommt.

Inhaltsverzeichnis

Einführung	1
Persönliches	3
Neue Impulse	13
Folgenkalküle	29
Beklemmende Intervention	39
Schlussbetrachtung	43
Was Sie aus diesem *essential* mitnehmen können	45
Literatur	47

Über den Autor

Lutz Unterseher ist Soziologe und Politologe, in Münster habilitiert, wo er Politikwissenschaft gelehrt hat: Internationale Beziehungen und Militärtheorie. Er war in der empirischen Sozialforschung sowie im internationalen Rahmen als sicherheitspolitischer Berater tätig: für politische Parteien, Streitkräfte und Regierungen. Lutz Unterseher lebt als Pensionär in Spandau. Neuere Buchpublikationen:

- Gelegenheit macht Kriege, Wiesbaden 2024
- Krieg in der Ukraine, Wiesbaden 2023
- Instrumente militärischer Krisenreaktion, Wiesbaden 2022
- Kopflose Rüstung: Waffentechnik im Dritten Reich, Berlin 2021
- Militärmacht China. Auf dem Weg zur Hegemonie? Baden-Baden 2020

SASUnterseher@web.de

Einführung

Donald Trump ist ein Ereignis. Was er darstellt, was er will: Das macht neugierig und auch besorgt. Trump stellt sich als Volkstribun dar. Viele Amerikanerinnen und Amerikaner nehmen ihm das ab – dem reichen Mann, dessen Lebensstil alles andere als volksnah ist.

Viele? Bei der Präsidentschaftswahl von 2024 gab es eine Wahlbeteiligung um 63 %. Gut die Hälfte davon stimmte für Trump. Das ist ein knappes Drittel aller Wahlberechtigten. In absoluten Zahlen: Der Sieger kam auf etwas über 77 Mio. der abgegebenen Stimmen, Kamala Harris, die Gegenkandidatin, auf 75 Mio.

Bei einem so geringen Vorsprung ist es ein kühnes Unterfangen, den Staat von Grund auf umbauen zu wollen – wie Donald Trump es immer wieder verheißen hat. Doch Mehrheit ist Mehrheit.

Warum kam diese zu Stande? Wohl auch deswegen, weil die Demokratische Partei mitten im Rennen das Pferd wechseln musste, weil sie trotz bekundetem Reformwillen wenig Profil bot und ihre Kandidatin, anders als erwartet, nicht einmal besonderen Appeal bei den ethnischen Minderheiten und den Frauen hatte.

Doch wichtiger war, dass Trump die Menschen – in einem Staat ohne wirksames soziales Netz – bei ihren Ängsten ansprach: nämlich an Lebensstandard einzubüßen, Job oder Sozialstatus zu verlieren, im Vergleich zu Einwanderern Nachteile zu erleiden.

Ebenso bedeutsam war, *wie* er seine Botschaften vermittelt. Er ist immer für *Events* gut, und die Medien lieben dies. Zudem ist da seine alles vereinfachende Sprache, die eine wichtige, mobilisierende Funktion hat. Diese besteht nämlich darin, den vielen Menschen, die sich in der Welt der Moderne, oder gar Postmoderne, nicht mehr zurechtfinden, die angesichts einer dynamisch zunehmenden Medienvielfalt an *information overload* (so nennt es die Informationstheorie) leiden, wieder ein verständliches Bezugssystem zu liefern. Innerhalb dieses Bezugssystems wird dann wie in einem „Echo-Raum" kommuniziert. Man bestätigt sich gegenseitig. Falschaussagen korrigierende Botschaften dringen nicht mehr durch.

Diese Studie unternimmt es zunächst, Trump in seinen persönlichen Bezügen vorzustellen: biografisch, mit familiären Bindungen und im Kreise enger politischer Berater sowie von Regierungsmitgliedern.

Anschließend geht es um die Impulse, Maßnahmen, die Trump und sein Apparat in den ersten hundert Tagen nach der Inauguration getroffen haben. Im Nachvollzug dieser Aktivitäten, der zum Teil kalendarisch geschieht, wird zunächst auch die US-Innenpolitik abgedeckt. Im zweiten Teil dieses Maßnahmenprotokolls handelt es sich dann nur noch um die Außenpolitik: auch deswegen, weil wesentliche Entscheidungen gravierende Folgen für Europa haben.

Daraufhin werden „Folgenkalküle" angestellt. Es geht um Analysen der Auswirkungen der wichtigsten von Trump und seinem Team getroffenen Maßnahmen. Dabei steht wiederum die Außenpolitik im Zentrum.

Es schließt sich eine beklemmende Skizze der Auswirkung „trumpistischer" Kulturpolitik an.

Die Schlussbetrachtung liefert ein plakatives Resümee der US-Politik in den „ersten hundert Tagen": gefolgt von zwei Narrativen – kontrastierenden Interpretationen des Trumpismus – als Basis einer Spekulation über dessen Auswirkungen auf die Zukunft der amerikanischen Demokratie.

Persönliches

Donald Trump: Ein Kurzprofil

Donald John Trump erblickte am 14. Juni 1946 in New York City das Licht der Welt: Spross einer presbyterianischen Familie. Seit 2020 sieht er sich aber als „konfessionslosen Christen".

Trump war von 2017 bis 2021 der 45. und trat am 20. Januar 2025 sein Amt als 47. Präsident der Vereinigten Staaten von Amerika an.

Er gilt in der politischen Geschichte der USA als eine der umstrittensten Figuren. Während seiner ersten Präsidentschaft wurden *zwei* Amtsenthebungsverfahren gegen ihn eingeleitet, die er wegen der starken Stellung seiner Partei, der Republikaner, im Senat überstand. Das erste Mal ging es um Behinderung des Kongresses, das zweite Mal um Anstiftung zum Aufruhr. Nach dieser Präsidentschaft sah er sich mehreren Strafprozessen ausgesetzt, einer davon wegen Verschwörung gegen den Staat.

Donald Trump wuchs in einer wohlhabenden Familie auf. Er war ein ungebärdiger Junge. Um ihn zu disziplinieren, schickte sein Vater ihn auf eine paramilitärische Akademie (Erziehungsanstalt), die er mit dem High-School-Abschluss verließ. Die Disziplinierung hat gewirkt: mit dem Ergebnis, dass er Leistungswillen und dominantes Sozialverhalten entwickelte.

Trump studierte Volkswirtschaft, Abschluss: Bachelor. Das Studium fiel in die Zeit des Vietnamkrieges. Nachdem er bei attestierter Tauglichkeit mehrmals zurückgestellt worden war, wurde er nach Beendigung des Studiums aus *medizinischen Gründen nicht* zum Wehrdienst einberufen. Wie er 2016 erklärte: wegen „Fersenspornen". Damit befand er sich in guter Gesellschaft. Auch den Sprösslingen anderer wohlhabender Familien gelang eine solche Vermeidungsstrategie.

Er sah seine Zukunft in der Immobilienbranche, in der bereits sein Vater sich profiliert hatte. Sein Geschäftsgebaren galt bald als robust bis rüde. Er reüssierte und brachte es nach Turbulenzen schließlich zum Milliardär – allerdings „nur" zu einem „Einstelligen". Von 1971 bis 2017 leitete Donald Trump den Mischkonzern *The Trump Organization* – mit dem Immobiliengeschäft als Schwerpunkt.

Trotz eines beträchtlichen geerbten Vermögens und einiger Insolvenzen gelang es Trump, auch durch exzentrische Auftritte, sich zum Paradebeispiel eines erfolgreichen *self-made*-Geschäftsmannes zu stilisieren.

Ende der 1970er Jahre stieg Trump in das Geschäft mit dem Glücksspiel ein. Er hatte sich zunächst darum bemüht, dieses im Staat New York legalisieren zu lassen. Als das scheiterte, erwarb er die Lizenzen für drei Spielcasinos in Atlantic City, New Jersey: einem Staat, in dem das Glücksspiel legal ist. Dort ließ er auch einen Hotel-Casino-Komplex errichten. Dieses Geschäftsfeld war für den Investor jedoch auf Dauer defizitär, sodass er sich 20 Jahre nach dem Einstieg wieder daraus zurückzog.

Andere Geschäfte liefen besser. Bereits 1983 konnte er den Trump-Tower, ein imposantes Hochhaus in Manhattan, einweihen: mit seiner Firmenzentrale, anderen Unternehmenssitzen, einem eigenen Wohnbereich (einer von mehreren im Lande) und Luxusappartements für Prominente.

Beträchtliche Aufmerksamkeit brachte ihm auch die Gründung einer Fluglinie (1989), die als *Trump Shuttle* bekannt wurde. Clou war es, 21 Mittelstreckenjets aus älterer Produktion günstig zu erwerben und relativ luxuriös auszustatten. Die Fluglinie musste allerdings bereits 1992 aus finanziellen Gründen mit einer anderen fusionieren, um später von dieser übernommen zu werden.

Trump trat auch als Sponsor von Medienereignissen auf, zunächst waren es Misswahlen und später dann Großveranstaltungen des *wrestling,* doch seine Popularität als Erfolgsmensch und Tausendsassa erhielt erst dann einen besonderen Kick, als er ab 2004 für den großen TV-Sender NBC – mit Lebendigkeit und Improvisationsvermögen – die Rolle des Gastgebers *(host)* einer *reality show* („*the apprentice"*) übernahm. Diese Show lief bis 2015: also Trumps Vorbereitung auf die erste Präsidentschaftskandidatur.

In jüngeren Jahren schien Donald Trump politisch wenig interessiert, eine klare Parteipräferenz gab es noch nicht. Doch seit Ende der 1980er Jahre war er mit einer kurzen Unterbrechung Republikaner.

Er bildete einen Politikstil aus, der *Trumpismus* genannt wird. Es ist eine Art von Populismus, in den verschiedene Orientierungen eingehen:

Da sind vor allem Nationalismus und Isolationismus. Die Parole heißt „America first!", womit insinuiert ist, unter allen Umständen Vorteile für die USA zu suchen: auch zulasten anderer, sogar bisheriger Verbündeter, für deren Schutz im

Übrigen keine Verantwortung übernommen wird (wobei Ausnahmen, z. B. Polen, Israel, die Regel bestätigen).

Es ist auch die Absage an die Rolle des Weltpolizisten in dem Sinne, dass US-Truppen vor Ort, in strategisch relevanten Regionen, präsent sind, um als Ordnungsfaktor zu wirken. Dies schließt aber nicht aus, dass sich Washington vorbehält, mittels weitreichender Waffenwirkung bei „Unbotmäßigkeit" im globalen Rahmen „Bestrafungsschläge" auszuteilen.

Dem entspricht wirtschaftspolitischer Protektionismus: als virtuelle Abriegelung der US-amerikanischen Wirtschaft gegenüber ausländischer Konkurrenz: zum – vorgeblichen – Nutzen für das heimische Kapital und die von Abstieg bedrohte Mittelschicht sowie die Arbeiterschaft. Das Versprechen an die Wirtschaft besteht darin, von möglichem Druck auf die Preisgestaltung zu entlasten. Die Verheißung für die um Lohn und Brot sowie die um ihren sozialen Status Bangenden ist Absicherung.

Der staatlich zu verordnenden Abriegelung nach außen entspricht eine – libertäre, staatskritische – Haltung im Inneren: vor allem Deregulierung im Sinne neoliberaler Forderungen. Mit der Befreiung etwa von Umweltauflagen wird die Aussicht auf größeres Wirtschaftswachstum verknüpft.

Obwohl Trump mit seinem Lebensstil Signale der Freizügigkeit gesetzt hat, ist es ihm gelungen, den Konservativen in seinem Lande – insbesondere den fundamentalen Christen („Evangelikalen") – eine Projektionsfläche zu bieten. Dabei geht es auch um eine erneute Illegalisierung von Abtreibungen, die Ausgrenzung der LGBTQ-Bewegung, um möglichst gnadenloses Sanktionieren von Verbrechen (zurück zur Todesstrafe) und die Bewahrung der USA vor ethno-kultureller „Überflutung".

Letzteres impliziert nicht nur die Abriegelung insbesondere gegenüber Lateinamerika, sondern auch die zwangsweise Rückführung „illegaler" MigrantInnen. Diese Politik ist auch bei Menschen mit Migrationshintergrund auf Zustimmung gestoßen, die sich in den Vereinigten Staaten etablieren konnten. Sie mögen mit weiteren Einwanderungswellen Statuseinbußen befürchten.

Gerade auch bei dieser Klientel scheint der „Machismo" Trumps Resonanz gefunden zu haben: jedenfalls in der Konstellation mit einer Frau als Gegenkandidatin.

Donald Trump hat es erfolgreich verstanden, die „Nähe zum Volk" zu kultivieren, obwohl er doch selbst in mehrfacher Hinsicht abgehoben erscheint. Es wurde bereits erwähnt: Seine Redeweise ist einfach – nachdem er in jüngeren Jahren durchaus zu differenziertem Ausdruck fähig war. Wenn er sich mit seinem politischen Gegner oder anderen unliebsamen Personen befasst, ist die Suada regelmäßig von drastischen Invektiven durchsetzt.

Die Wahrheit scheint ihm bei seinen Auslassungen ein Graus: Jedenfalls gestattet er sich immer wieder neue Tatsachenbehauptungen, die einem Test nicht standhalten. Die *New York Times* hat dies routinemäßig festgestellt.

Die Erfahrungen als Akteur in der Wirtschaft haben Trumps Politikstil wesentlich geprägt. Das Rezept: größtmöglichen Druck ausüben, um einen günstigen *Deal* zu erzielen. Wenn dabei Ängste und Unsicherheit aufkommen, wird dies zur Stärkung der eigenen Position genutzt. Institutionelle Kontrollen, Überprüfungen der eigenen Position und verbindliche Regeln, vor allem solche rechtlicher Art, sind ihm ein Graus.

Der Präsident und die Familie

Donald Trump hat es vermocht, sich für viele Amerikanerinnen und Amerikaner glaubwürdig als „Familienmensch" zu präsentieren: obwohl er bereits in dritter Ehe verheiratet ist und seine außerehelichen sexuellen Aktivitäten sowie sein Verhalten Frauen gegenüber (Anklage wegen Vergewaltigung, Inanspruchnahme der Dienste von Sexarbeiterinnen, rüdeste Sprüche) Furore machten.

Zwei seiner Frauen haben einen *Migrationshintergrund* (Herkunft aus dem ehemaligen Jugoslawien). Aus den drei Ehen hat er fünf Nachkommen. Er ist zehnfacher Großvater (Stand Frühjahr 2025).

Gerne stellt er sich öffentlich im Kreis von Familienmitgliedern dar. Von diesen erwartet er absolute Loyalität. Die scheint er auch zu erhalten. Trumps erste Ehe endete in einem bitteren Scheidungskrieg, in dem seine Frau unter anderem auch Beschwerde über das Sexualverhalten ihres Mannes führte. Doch Jahre danach sollte sie sich zu einer glühenden Unterstützerin ihres Ex-Gatten wandeln.

Für Trump sind die Menschen, denen er meint, absolut vertrauen zu können, ein Machtinstrument. Sie sind es vor allem, die seinen engsten Beraterkreis bilden. Manch andere Berater stehen eher auf Abruf, wie die Zeit der ersten Präsidentschaft gezeigt hat. Familienmitglieder lässt er gerne Rollen in seinem Einflussbereich spielen. Er setzt sie sowohl im eigenen Firmenimperium als auch in der Politik ein.

So etwa machte Trump seine erste Ehefrau zur Topmanagerin des Engagements im Glücksspielbereich, und zwei seiner Söhne, Donald Jr. und Eric, stehen gegenwärtig der *Trump Organization* vor.

Ivanka, Tochter aus erster Ehe, war vor und während der ersten Präsidentschaft eine enge Beraterin auch in politischen Dingen. Zudem fungierte sie als „Kulturbotschafterin" der Vereinigten Staaten. 2017, beim G-20-Gipfel in Hamburg, war sie offizielles Mitglied der US-Delegation und vertrat ihren Vater kurzzeitig am Tisch der Staats- und Regierungschefs.

Jared Kushner, ihr Ehemann und wie sein Schwiegervater im Immobiliengeschäft, war von 2017 bis 2021 Chefberater des Präsidenten und zugleich Sonderbeauftragter für den Nahen Osten, um dort Bedingungen für einen Frieden zu sondieren. Ihm wurde die Teilnahme an Gesprächen mit russischen „Diplomaten" nachgewiesen, bei denen es um Material ging, das im Wahlkampf von 2016 Hillary Clinton, Trumps Gegenkandidatin, belasten sollte.

Trump verachtet Institutionen, demokratische zumal. Auf dem Feld der Politik operiert er wie im Wirtschaftsgeschehen und macht diese zugleich zur Familienangelegenheit:

Öffentlichkeit wird zur Privatsache. Im Hinblick auf den Vorrang der Familie vor der Welt der Regeln und des Rechts lässt sich – mit aller Vorsicht – eine Parallele zum Agieren der Mafia erkennen: die nicht nur in Italien, sondern auch in den Vereinigten Staaten eine große Tradition hat.

Loyale Helfer und das Kabinett

Die Führung der Republikanischen Partei, die Trump 2024 in Nibelungentreue gefolgt war, hatte keinen Einfluss darauf, wer in dessen Ministerriege aufgenommen wurde.

Die Entscheidung darüber fiel, wie nicht anders zu erwarten war, im privaten Kreis. Als Beteiligte zu nennen sind vor allem:

Donald Trump Jr., Susie Wiles und Linda McMahon, zwei alte Bekannte des Präsidenten, Tulsi Gabbard, frühere demokratische Kongressabgeordnete, Tech-Milliardär Elon Musk (der für begrenzte Zeit zum Chef eines Amtes für „Regierungseffizienz" erhoben wurde), der Finanzunternehmer Howard Lutnick sowie der Politiker Robert F. Kennedy, Neffe John F. Kennedys, der – „Querdenker" in der Corona-Zeit – sich selbst für den Posten des Gesundheitsministers anbot. Auch JD Vance, der Vizepräsident, hatte mitzureden.

Dies sieht zwar nach Establishment aus; es ist aber nicht das für Washington typische. Auch die schließlich ernannten Kabinettsmitglieder haben nur zum kleineren Teil den Geruch, der hauptstädtischen Politikerkaste anzugehören. Damit konnte Trump sein Wahlversprechen zumindest teilweise einlösen, mit „neuen Leuten" regieren zu wollen.

Auf eine Kurzinformation über den Vizepräsidenten folgen entsprechende Notizen zu einigen Mitgliedern des inneren Kabinetts, welches 15 Mitglieder umfasst (es gibt noch einen weiteren Kreis von AmtsträgerInnen, die ebenfalls

Kabinettsrang haben: wie etwa die Stabschefin des Weißen Hauses, die UN-Botschafterin und der CIA-Direktor):

JD Vance, Vizepräsident: Er diente im Marine Corps, studierte Jura und war als Rechtsanwalt sowie Venture-Capital-Unternehmer tätig. In einem autobiografischen Buch, das 2016 erschien und ihn populär machte, stellte er sich als Mann mit Arme-Leute-Hintergrund dar (Stimme des *rust belt*). Damals war er ein scharfer Gegner der politischen Linie Trumps, die er für „absurd" hielt (insbesondere in der Immigrationsfrage). 2022 wurde er zu einem der Senatoren Ohios gewählt. Damit verknüpft war sein Umschwenken auf die Positionen Trumps. Außer dem nur für kurze Zeit versehenen Senatorenamt hat er keine Erfahrung in öffentlichen Ämtern. Seine politische Selbsteinstufung: „postliberaler Rechter".

Marco Rubio, Außenminister: Sohn kubanischer Einwanderer, hat Politikwissenschaft und Jurisprudenz studiert und war als Rechtsanwalt tätig – ab 2008 in eigener Kanzlei. Von 2000 bis 2008 war er Mitglied des Repräsentantenhauses von Florida, davon einige Jahre Sprecher der Republikaner. Von 2010 bis 2024 vertrat er seinen Staat als einer der beiden Senatoren im Kongress der Vereinigten Staaten. Dort galt er als Hoffnung der Neokonservativen. Anders als Trump, dessen Linie er erst später vertrat, war er kein Isolationist, sondern sah die USA als Wächter der Freiheit weltweit. Schon früh trat er für Beschränkungen des Rechtes auf Abtreibung ein. Seine Haltung zur Klimapolitik schwankte: Die Erderwärmung erscheint ihm aber nicht von Menschen mit verursacht.

Pete Hegseth, Verteidigungsminister: Studierte Politikwissenschaft (Abschluss: Master), war ab 2003 *analyst* für Aktienkapitalmärkte und diente zugleich in der *Minnesota National Guard*. Nach seinem Übertritt in die U.S. Army (2005) hatte er Einsätze in Guantanamo, im Irak und in Afghanistan. Er verließ die Army 2014, um 2019 wieder in die National Guard einzutreten. Zeitweilig war er für einen konservativen *think tank* tätig und ab 2014 Moderator bei Fox News, wo er sich durch Angriffe auf andere Medien und die Demokraten profilierte. Er wirkte auch als Interessenvertreter der Veteranen. Seine Leitung der *veterans for freedom* betreffend wurden ihm finanzielle Unregelmäßigkeiten und sexuelle Übergriffe vorgeworfen. Bei seinem Bestätigungsverfahren im Senat gab es ein Patt, das vom Vizepräsidenten aufgelöst wurde. Hegseth gilt als „christlicher Nationalist" mit Zügen eines „aggressiven Maskulinismus". Er ist ohne administrative Erfahrung.

Scott Bessent, Finanzminister: Studierte Politikwissenschaft (Abschluss: Bachelor) und machte sich als *chief investment officer* des *Soros Fund Management* durch Erwirtschaftung milliardenschwerer Renditen einen Namen. 2015 gründete er in New York City die *Key Square Group,* die 2017 ein Vermögen von über fünf

Milliarden Dollar verwaltete. Im Jahre 2000 betrieb er *fundraising* für Al Gore, den demokratischen Präsidentschaftskandidaten, spendete später Millionen für Barack Obamas und Hillary Clintons Kampagnen, 2016 aber auch für Donald Trump, dessen Wirtschaftsberater er wurde. Bessent ist Milliardär („einstellig"), zeigt starkes karitatives Engagement und lebt offen homosexuell.

Pam Bondi, Justizministerin *(Attorney General):* Nach ihrem Jurastudium war sie als Bezirksstaatsanwältin tätig, um dann (2011–2019) in Florida – bei mehrfacher.
Wiederwahl – als Attorney General zu fungieren. Bis 2000 war sie Mitglied der Demokratischen Partei. Danach kam ihr Wechsel zu den Republikanern. Sie unterhielt Beziehungen zu *Scientology* und bekam von dieser Sekte eine Wahlkampfspende. Auch die Donald J. Trump-Stiftung stellte entsprechende Mittel bereit, was sich allerdings als gesetzeswidrig erwies. Bei der Präsidentschaftswahl von 2020 behauptete Pam Bondi, ohne Belege zu liefern, dass es in Georgia, Pennsylvania und Wisconsin Fälschungen zu Lasten Trumps gegeben habe.

Brooke Rollins, Landwirtschaftsministerin: Sie studierte Agrarwissenschaft und Jura (Abschluss: Promotion), war danach in der Anwaltskanzlei einer Bundesrichterin tätig und gehörte dem Team von Rick Perry an (damals republikanischer Gouverneur von Texas). 2003 bis 2018 leitete sie eine konservative Denkfabrik, um darauf von Donald Trump zur Beraterin in seiner „Technology Initiative" ernannt zu werden. Zudem wurde sie Mitglied im *Office of American Innovation.* 2021 gründete Rollins das *America First Institute,* als dessen Vorstandsvorsitzende sie fungierte.

Howard Lutnick, Handelsminister: Studierte Wirtschaftswissenschaft (Abschluss: Master) und trat danach in das Finanzunternehmen Cantor Fitzgerald in New York City ein. Sein Aufstieg in der Firma war 1991 mit der Position des CEO gekrönt: eine Stellung, die er nutzte, um ein vollständig elektronisiertes Handelssystem einzuführen. Er ist langjähriges Mitglied der Republikanischen Partei, ein „buddy" Donald Trumps, in dessen Reality Show er 2008 auftrat. 2019 und 2024 organisierte er große Spendengalas für Trump. Mit Linda McMahon leitete er das Übergangsteam für die Zeit zwischen dessen zweitem Wahlsieg und dem Amtsantritt. Lutnick plädiert für Schutzzölle und sieht Crypto-Währungen positiv.

Scott Turner, Minister für Wohnungsbau und Stadtentwicklung: Er war Sportstudent, erwarb einen Abschluss (Bachelor) in *speech communication* und wurde danach Profisportler: von 1995 bis 2003 *cornerback* in der *National Football League.* Nach einer Trainingsverletzung: Assistent eines Kongressabgeordneten, Mitarbeit in einem Software-Unternehmen, (gemeinsam mit seiner Ehefrau): Gründung und Leitung eines Textilunternehmens, Gründung und Leitung einer

Unternehmensberatungsfirma, Gründer und Präsident des *Community Engagement & Opportunity Council,* der sich der Hilfe für Kinder aus armen Familien widmet. Von 2010 bis 2021 war Scott Turner Mitglied des Repräsentantenhauses von Texas – mit politischer Nähe zum ultrakonservativen *Tea-Party Caucus.* Er ist der einzige Afro-Amerikaner im inneren Kabinett Trumps.

Sean Duffy, Verkehrsminister: Er ist promovierter Jurist, war ab 1999 als Rechtsanwalt tätig, erschien außerdem in TV-Reality Shows, und hatte von 2002 bis 2010 das Amt eines Bezirksstaatsanwalts inne. Als Republikaner vertrat er von 2010 bis 2019 seinen Heimatstaat Wisconsin im Repräsentantenhaus in Washington, D.C. Er galt als Vertreter der *Tea-Party-Bewegung.* In der ersten Amtszeit Trumps verteidigte er auch dessen besonders umstrittene Maßnahmen: etwa das Einreiseverbot für Menschen aus mehrheitlich muslimischen Ländern. Nach 2019 war er als Fernsehkommentator sowie als Lobbyist tätig. Besondere Expertise auf dem Gebiet des Verkehrs- und Transportwesens kann Duffy nicht aufweisen.

Chris Wright, Energieminister: Studierte Maschinenbau und Elektrotechnik (Abschluss: Master) und war danach in verschiedenen Unternehmen der Schiefergasproduktion *(hydraulic fracturing: fracking)* in leitenden Stellungen tätig. 2011 gründete er *Liberty Energy,* das zum zweitgrößten Schiefergas-Produzenten der USA wurde, und war dessen CEO. Zudem ist er Mitglied der Vorstände weiterer Firmen, eine davon auf dem Gebiet der Nukleartechnologie. Wright bestreitet, dass es eine Klimakrise gibt. Maßnahmen des Klimaschutzes hält er für „falsch": Der Ersatz von Gas durch Solar- und Windenergie sei nicht möglich. 2024 spendete er für den Wahlkampf Trumps mehrere Hunderttausend Dollar.

Linda McMahon, Bildungsministerin: Nach einem Sprachenstudium (Französisch) auf Lehramt heiratete sie, ohne in den Schuldienst einzutreten. Zusammen mit ihrem Ehemann führte sie zwischen 1980 und 2009 das Unternehmen *World Wrestling Entertainment* (2017 wurde beider Vermögen auf 2,8 Mrd. Dollar geschätzt). Sie verließ das Unternehmen als CEO und kandidierte 2010 und 2012 für den Senat der Vereinigten Staaten als Vertreterin Connecticuts. Beide Male verlor McMahon, obwohl sie für die Wahlkampagnen insgesamt 100 Mio. Dollar aufgewendet hatte. 2017, in der ersten Amtszeit Trumps, machte dieser sie zur Leiterin der *Small Business Administration.* Damals war das Ehepaar McMahon bereits 20 Jahre mit Trump befreundet, der bekanntlich ebenfalls Interesse am Wrestling-Geschäft hatte. Linda McMahon bestreitet menschlichen Einfluss auf den Klimawandel.

Diese VertreterInnen des zweiten Kabinetts Donald Trumps lassen Merkmale erkennen, die es auch in anderen politischen Gruppierungen gibt. Doch erscheint die Konstellation außergewöhnlich. Um prägnante Aspekte zu nennen:

Eher geringe durch das zu bekleidende Amt geforderte Sachkenntnis oder administrative Erfahrung, genuine politische Rechtslastigkeit, Nähe zu den Massenmedien und zum Entertainment, großes Geld und ein Quantum Opportunismus.

Auffällig auch – alle haben akademische Abschlüsse – die Tatsache, dass neben Zertifikaten in Politikwissenschaft solche in Jurisprudenz dominieren. Im Kontext der Präsidentschaft Trumps scheint es darum zu gehen, juristischen Sachverstand zu kumulieren, um im Gewirr des US-amerikanischen Rechtssystems Gefechte gewinnen zu können – auch gegen Gesetz und Verfassung. Das jedenfalls legt Trumps Verhalten angesichts der Wahlniederlage von 2020 nahe.

Die Auswahl der MinisterInnen geschah, wie bereits gesagt, nicht unbedingt nach Sachkriterien (Ausnahmen bestätigen die Regel), aber durchweg wegen der Loyalität der KandidatInnen. Sie sind dadurch eine erweiterte Familie – nicht so leicht zu „heuern und zu feuern" wie die Beraterschar des Weißen Hauses. Damit haben sie ein gewisses Gewicht – noch dadurch verstärkt, dass sich unter ihnen Persönlichkeiten von Statur befinden.

Trump muss sich also mit ihnen auf einen Dialog einlassen, darf nicht beratungsresistent sein (wie Adolf Hitler vor allem in seinen letzten Jahren). Allerdings: Er gibt die strategischen Linien vor. Seine MitstreiterInnen sind dann für das operativ-taktische Prozedere zuständig. So kann es durchaus geschehen, dass Donald Trump, nachdem er einen seiner „großen Würfe" in die Welt gesetzt hat, Modifikationen und partielle Relativierungen zulässt, die dann freilich andere zu verkünden haben.

Neue Impulse

Dekrete und noch andere Mittel

Erheblich mehr als andere Präsidenten vor ihm bevorzugt Donald Trump das Instrument der *Executive Orders* (präsidentiellen Dekrete), um die Dinge in Bewegung zu bringen. Im Extremfall kann der US-Präsident sogar den Nationalen Notstand per Dekret verhängen.

Es steht ihm selbstverständlich auch der Weg der Gesetzesinitiativen offen, den er mitunter aus sachlichen Gründen auch gehen muss. Doch der ist wegen der parlamentarischen Prozedur zeitraubend – sogar dann, wenn man glaubt, beide Kammern des Kongresses politisch in der Tasche zu haben.

Worum geht es bei den präsidentiellen Dekreten? Die Präsidenten der Vereinigten Staaten haben die verfassungsrechtlich verbriefte Möglichkeit, per Dekret verbindliche Anordnungen zu erlassen. Diese Anordnungen sind für alle Behörden und anderen Einrichtungen des Bundes bindend. Zudem kann der Präsident durch Dekrete bestehende Gesetze präzisieren und weiterentwickeln.

Schon früheren Präsidenten, die mit dem Instrument allerdings etwas vorsichtiger umgingen, wurde vorgeworfen, durch das Regieren per Dekret die parlamentarische Kontrolle aushebeln zu wollen. Je häufiger mit diesem Mittel gearbeitet wird, umso wahrscheinlicher ist es, dass der Verdacht autokratischer Bestrebungen aufkommt.

Der Kongress vermag allerdings, die dekretierten Entscheidungen des Präsidenten durch eigene, neue Gesetzgebung zu ersetzen, welche dieselbe Causa regelt. Der Präsident hat aber das Recht, dagegen sein Veto einzulegen. Dieses kann nur durch eine Zweidrittelmehrheit beider Häuser des Kongresses überstimmt werden: was – historisch betrachtet – äußerst unwahrscheinlich ist.

© Der/die Autor(en), exklusiv lizenziert an Springer Fachmedien Wiesbaden GmbH, ein Teil von Springer Nature 2025
L. Unterseher, *Trump: Die ersten 100 Tage*, essentials,
https://doi.org/10.1007/978-3-658-48655-6_3

Dekrete bleiben so lange in Kraft, bis der Urheber selbst oder sein Nachfolger sie aufhebt. Auch Gerichte können Dekrete für nichtig erklären, wenn sie darin einen Verstoß gegen die Verfassung sehen.

Ein Beispiel: Trumps *executive order* zur Abschaffung des Rechts auf Staatsbürgerschaft durch Geburt in den USA (siehe auch weiter unten) wurde von mehreren Gerichten für nichtig erklärt. Geklagt hatten die Generalstaatsanwälte von 22 Bundesstaaten.

Letztlich jedoch wird diese Causa auf Bundesebene entschieden, denn es handelt sich um eine Angelegenheit, die in die Zuständigkeit des Gesamtstaates fällt. Hier könnte am Ende der *Supreme Court* das letzte Wort sprechen, dessen gegenwärtige Zusammensetzung, vorsichtig formuliert, eine gewisse Affinität zur Politik Trumps anzeigt.

Schon in der ersten Amtszeit Donald Trumps wurden mehrere *executive orders* von Gerichten außer Kraft gesetzt. Zum Beispiel hoben sie wesentliche Bestimmungen des sogenannten „Muslim Ban" auf, mit dem Trump kurz nach seinem Amtsantritt im Jahre 2017 die bereits erwähnten Einreiseverbote für Menschen aus mehrheitlich muslimischen Ländern verhängt hatte. Trump nahm das Dekret danach zurück, um es – unbeirrt – durch ein anderes zu ersetzen, welches ebenfalls Einreiseverbote vorsah. Sein Nachfolger Joe Biden erklärte es am Tage seiner Amtseinführung für nichtig.

Wenn auch für Donald Trump die präsidentiellen Dekrete Lieblingsinstrumente zu sein scheinen, um seinen politischen Willen durchzusetzen, nutzt er doch gerne auch andere Mittel, um Einfluss auszuüben. Da sind vor allem seine plakativen öffentlichen Erklärungen, die mitunter an Schärfe oder gar vulgär-beleidigender Ausdrucksweise nur schwer zu überbieten sind. Oft werden gravierende Nachteile bringende Maßnahmen angedroht, um einen Verhandlungspartner gefügig zu machen.

Offenbar ist Trump kein Freund der Diplomatie. Doch gibt es Fälle, in denen er sich nicht als „Bösewicht" exponieren möchte, um sein Gesicht zu wahren. Fälle, in denen er aber doch anderen eine Lektion erteilen möchte. Unter diesen Umständen überlässt er seinen Erfüllungsgehilfen das undiplomatische Geschäft.

Auch kann es vorkommen, dass er – wie bereits angedeutet – allzu forsches Vorpreschen korrigieren lässt. Zudem mag es ihm darum gehen, gezielt falsche Tatsachenbehauptungen *(fakes)* in die Welt zu setzten. Hierzu wird dann in der Regel ominös auf die „Umgebung des Präsidenten" oder eine anonyme Quelle im Weißen Haus verwiesen.

Akzente vor der Amtseinführung

Zwischen der Präsidentschaftswahl Anfang November 2024 und der Inauguration im Januar 2025 hatte das Team Trumps Zeit, in aller Prägnanz den Beginn einer neuen Ära anzukündigen: also deutliche Akzente zu setzen.

Im Folgenden ist eine Auswahl von Ankündigungen, Forderungen und sonstigen Äußerungen festgehalten, die besonders starke Aufmerksamkeit beanspruchen konnten. Zunächst jene mit *innenpolitischer Bedeutung:*

- Trump wandte sich gegen die Anwendung des 14. Verfassungszusatzes bei illegalen EinwanderInnen oder bei Personen mit begrenzter Aufenthaltserlaubnis. Deren in den USA geborene Kinder gelten auf dieser Rechtsgrundlage bisher als BürgerInnen der Vereinigten Staaten. Dies sollte vor allem die Einwandererfamilien aus Lateinamerika treffen.
- Trump kündigte die Begnadigung der „Kapitolstürmer" an, also jener Menschen, die sich am 6. Januar 2021 – der Präsident war abgewählt, amtierte aber noch – zusammenrotteten und das Kapitol (Kongressgebäude in Washington D. C.) angriffen. Bei diesem Gewaltakt, der auf eine Rede Trumps zurückgeführt wird, in der er seine Wahlniederlage bestritt, kamen fünf Personen ums Leben. Einige Hundert wurden verletzt.
- Trump sprach von seiner festen Absicht, das „Militär" gegen illegale Einwanderer einzusetzen – womit wohl konkret die Abriegelung der Grenze zu Mexiko gemeint war.
- Mehr Todesstrafen zu verhängen und diese in kürzeren Fristen zu vollstrecken, ist ein altes Anliegen Donald Trumps, das vor allem bei den Evangelikalen und großen Teilen der unteren Mittelschicht sowie der Unterschicht Resonanz findet. Er wärmte diese Forderung noch einmal auf, obwohl ihm klar war, dass solche Entscheidungen zumeist in die Zuständigkeit der Bundesstaaten fallen.
- Ebenfalls den Evangelikalen und wohl einer Mehrheit der nicht-urbanen Bevölkerung tat er einen Gefallen dadurch, dass er ankündigte, Trans-Menschen ihre bisher geltenden Schutzrechte nehmen zu wollen.

Auch in *außenpolitischer Hinsicht* gab es Dramatik. Hier wiederum eine selektive Übersicht:

- Es kam wie ein Paukenschlag. In imperialer Manier und jenseits aller Normen des Völkerrechts erhob Donald Trump Anspruch auf die Kontrolle folgender Gebiete (bis hin zur Annexion) durch die Vereinigten Staaten: Panamakanal,

Mexiko, Kanada und Grönland. Dabei ließ er offen, mit welchen Mitteln dies zur realisieren wäre: Panamakanal: militärisch? Mexiko: polizeilich? Kanada: Aneignung per Wirtschaftspolitik? Grönland: einfache Verstärkung der US-Präsenz?

- Trump forderte von den europäischen Mitgliedsstaaten der NATO angesichts der neuen Bedrohung aus dem Osten, 5 % ihres Brutto-Inlandsproduktes (BIP) für die Verteidigung aufzuwenden. Davon – und auch von sonstigem „Wohlverhalten" – machte er einen möglichen Beistand der Vereinigten Staaten abhängig. Der Eindruck entstand, dass er eine generelle Schutzgarantie, einschließlich atomarer Rückversicherung, nicht mehr geben will.
- Als es am 18. Januar 2025 zu einem Abkommen zwischen der HAMAS und Israel kam, dessen Gegenstand ein Stufenplan zur Entschärfung des Gaza-Konfliktes ist (Waffenruhe, Austausch von Geiseln und Gefangenen) reklamierte Trump diesen Erfolg für sich. Dies gilt als nicht ganz unbegründet. Die Biden-Administration hatte das Abkommen bereits im Frühjahr 2024 vorbereitet. Erst Trumps Drohungen gegen die HAMAS scheinen etwas bewirkt zu haben.
- Der designierte US-Außenminister Marco Rubio beschuldigte die deutschen Regierungen der letzten beiden Dekaden, wesentlich zum Ausbruch des Krieges in der Ukraine beigetragen haben. Die selbstverschuldete Abhängigkeit von fossilen Energieträgern aus Russland habe die Moskauer Führung veranlasst zu glauben, dass es keine größere Reaktion auf den Überfall geben werde. Diese Behauptung hat durchaus Substanz. Doch ist der Stil für Chefdiplomaten ungewöhnlich.
- Elon Musk, reichster Mann der Welt und designierter Beauftragter Trumps für „Regierungseffizient", forderte König Charles III. auf, das Unterhaus aufzulösen. Wegen skandalösen Verhaltens sei Premierminister Keir Starmer zu entlassen. Dies verriet eine fundamentale Unkenntnis des britischen Regierungssystems und war eine Beleidigung Seiner Majestät sowie des Premiers.
- Beleidigt wurden von Musk auch Bundeskanzler Olaf Scholz und Bundespräsident Frank-Walter Steinmeier. Schließlich gestattete sich Musk noch, anlässlich der bevorstehenden Bundestagswahl eine Empfehlung für die AfD auszusprechen als der einzigen Partei, die Deutschland retten könne. Ergänzt wurde dies durch eine Video-Konferenz mit Alice Weidel, der Ko-Vorsitzenden der AfD, in der diese sich durch eine absurde Geschichtsdeutung gründlich blamierte.

Musk trat bei seinen Interventionen sehr keck auf: was seinen Boss veranlasste, darauf hinzuweisen, dass er *immer* das Heft in der Hand habe.

Die Aktivitäten der ersten Welle

Es begann unmittelbar nach der Inauguration. 78 Dekrete der Biden-Administration wurden für ungültig erklärt (so verwirrt man nachgeordnete Behörden) und neue im Staccato in die Welt gesetzt. Im Folgenden wird ein Überblick gegeben. Zunächst wichtige Dekrete der **Innenpolitik** und andere Maßnahmen auf diesem Gebiet (auch von Ministerien auf Trumps Anweisung):

20. Januar (erster Tag im Amt)
Trump begnadigt mehr als 1500 Straftäter, die wegen des Sturms auf das Kapitol verurteilt wurden.

An der Grenze zu Mexiko verhängt er den nationalen Notstand und kündigt die Entsendung von Truppen an. Die Vorgaben zur Festnahme von Migranten ohne gültigen Aufenthaltsstatus werden verschärft.

Trump unterzeichnet ein Dekret, welches das sogenannte *birthright* abschafft (siehe oben).

Er unterzeichnet eine weitreichende Anordnung zur Vollstreckung der Todesstrafe im Zuständigkeitsbereich des Bundes.

Er weist die Regierung an, künftig nur noch zwei Geschlechter – männlich und weiblich – anzuerkennen.

Trump ordnet einen Einstellungsstopp für alle Bundesbehörden an, Ausnahmen: das Militär und einige zentrale Einrichtungen des Bundes.

Trump schafft eine *task force* unter der Führung von Elon Musk – mit der Aufgabe, für „Effizienz in der Verwaltung" zu sorgen.

Er gibt grünes Licht für Ölbohrungen in Alaska. Trump weist die zuständigen Bundesbehörden an, Subventionen für Elektro-Autos einzustellen. Er lässt den Golf von Mexiko in „Golf von Amerika" umbenennen.

21. Januar
Der Präsident weist die Bundesbehörden an, alle MitarbeiterInnen, die an *Diversitätsprogrammen* teilnehmen (typischerweise Menschen verschiedener ethnischer Herkunft) zu beurlauben.

22. Januar
Trump lässt 1500 Soldaten an die mexikanische Grenze entsenden. Er weist das Justizministerium an, alle neuen Untersuchungen zur Verletzung von Bürgerrechten sofort zu stoppen.

Der Präsident gibt bekannt, dass mindestens 500 Mrd. Dollar in die KI-Infrastruktur der USA investiert werden sollen.

23. Januar
Trump begnadigt 23 Gegner von Schwangerschaftsabbrüchen, die Frauenkliniken blockiert hatten. Trump weist Bundesgefängnisse an, verurteilte Trans-Frauen in Männergefängnissen unterzubringen.

24. Januar
Trump schränkt den Zugang zu Schwangerschaftsabbrüchen ein, indem er zwei liberalisierende Dekrete seines Vorgängers aussetzt.

Seine Regierung entlässt mehrere unabhängige Generalinspekteure zur Bekämpfung der Korruption.

27. Januar
Das Justizministerium entlässt mehrere Bedienstete, die an der Strafverfolgung Trumps oder von Kapitolstürmern beteiligt waren.

Trump weist das Verteidigungsministerium an, Diversitätsprogramme zu beenden. Trans-Menschen wird der Dienst in den Streitkräften verboten.

28. Januar
Per Dekret verfügt Trump, dass geschlechtsangleichende Behandlungen bei Jugendlichen nicht mehr mit Bundesmitteln unterstützt werden dürfen.

31. Januar
Das Justizministerium entlässt mehre Bundesanwälte, die gegen Trump und seine Unterstützer ermittelt haben.

Musk und seine Behörde erhalten Zugang zum staatlichen Zahlungssystem und damit zu den Daten von Millionen BürgerInnen und Firmen. Ein Mitarbeiter des Finanzministeriums, der sich dem widersetzt, wird entlassen.

5. Februar
Trump ordnet an, dass Trans-Menschen an öffentlichen Schulen und Hochschulen vom Frauensport auszuschließen sind.

6. Februar
Er entlässt die Vorsitzende der US-Wahlkommission (FEC). Trump kündigt die Gründung einer Arbeitsgruppe an, die Maßnahmen gegen die „antichristliche Diskriminierung" in den Bundesbehörden entwickeln soll.

7. Februar

Trump entzieht seinem Amtsvorgänger Biden den Zugang zu Sicherheitsdokumenten und den täglichen Geheimdienstreports.

Elon Musk wird auch mit der Überprüfung der Regierungsausgaben für Bildung und Verteidigung beauftragt (über die Kontrolle des engeren Verwaltungsapparates hinaus).

Trump entlässt die Leiterin des Nationalarchivs, die das Justizministerium auf seinen Umgang mit Geheimdokumenten hingewiesen hatte.

8. Februar

Die nach der Finanzkrise 2007/09 gegründete Verbraucherschutzbehörde für den Finanzsektor muss ihre Arbeit weitestgehend einstellen.

Die Regierung kündigt für die Nationalen Gesundheitsinstitute der USA eine Kürzung der Zuschüsse an.

10. Februar

Trump erklärt eine Initiative der Biden-Administration zur Abschaffung von Trinkhalmen aus Plastik für nichtig.

11. Februar

Der Präsident verpflichtet alle Bundesbehörden, mit der task force von Elon Musk zusammenzuarbeiten. (An der Bereitschaft dazu hatte es offenbar gemangelt.)

14. Februar

Da sie die Umbenennung des Golfs von Mexiko ablehnt, wird die größte Nachrichtenagentur der USA, Associated Press (AP), dauerhaft von Terminen im *Oval Office* und in der *Air Force One* ausgeschlossen.

16. Februar

Die Regierung schaltet den Obersten Gerichtshof ein: Sie strebt die Entlassung des Leiters der Bundesbehörde zum Schutz von Whistleblowern an.

Die US-Regierung beginnt mit der Entlassung Hunderter Mitarbeiter der Luftverkehrsbehörde (FAA).

Elon Musks Effizienzeinheit fordert Einblick in sensible Daten von Millionen Steuerzahlern.

18. Februar
Trump ordnet die Entlassung aller US-Bundesanwälte an, die von Präsident Biden ernannt wurden.
Gesundheitsminister Kennedy plant, den Impfplan für Kinder, der diese vor Masern, Polio und anderen gefährlichen Krankheiten schützen soll, überprüfen zu lassen.
Die US-Regierung stoppt ihr Hilfsprogramm für Kinder von Einwanderern.

20. Februar
Die Regierung hebt den Schutzstatus von etwa einer halben Million Menschen aus Haiti in den USA auf.
Die Administration nimmt die Plattform National Law Enforcement Accountability Database (NLEAD) vom Netz, auf der BürgerInnen Fehlverhalten der Polizei melden konnten.

21. Februar
Trump entlässt den – militärischen – Oberbefehlshaber (Joint Chief of Staff) der US-Streitkräfte Charles Q. Brown und Lisa Franchetti, Chief of Naval Operations, höchster Offizier der U.S. Navy. Brown ist Afro-Amerikaner. Beide gelten als Offiziere ohne Fehl und Tadel. Für die Entlassung fehlt jede Begründung. Allerdings waren sie von Präsident Biden ernannt worden.

22. Februar
Die US-Regierung fordert von allen Bundesbediensteten einen aktualisierten und detaillierten Arbeitsnachweis. Musk droht bei Nichtbeantwortung mit Kündigung.
Hintergrundinformation: Jeder dritte Mitarbeiter von Musks Regierungseffizienz-Einheit hat nach wenigen Tagen gekündigt.

26. Februar
Trump kündigt einen großangelegten Stellenabbau bei der Umweltbehörde (EPA) an.
Das US-Verteidigungsministerium plant die Entlassung von Transgender-Soldaten.

27. Februar
Die US-Regierung entlässt Hunderte Meteorologen und weitere Beschäftigte der Wetter- und Ozeanografie-Behörde (NOAA). Sie waren unter anderem auch für Gefahrenwarnungen zuständig.

1. März
Donald Trump erklärt Englisch zur Amtssprache in den USA. Damit sind Bundes- und andere Behörden nicht mehr verpflichtet, ihre Dienste auch in anderen Sprachen anzubieten.

9. März
Linda McMahon, Trumps enge Vertraute und frisch ernannte Bildungsministerin, beginnt auf dessen Geheiß mit der Auflösung ihres Ministeriums. Erster Schritt: Entlassung der Hälfte der 4100 Bediensteten. Künftig sollen die Bundesstaaten allein für Bildungsangelegenheiten zuständig sein.

Der Gesamteindruck von dieser ersten – relativ dichten – Welle von Maßnahmen auf dem Gebiet der Innenpolitik ist der, dass es um die „Verschlankung" der Exekutive geht, wie es Neoliberale und Konservative immer wieder gefordert haben. Dabei ist offenbar gleichgültig, ob entsprechende Maßnahmen Risiken für die Bevölkerung mit sich bringen oder deren Partizipations- beziehungsweise Kontrollmöglichkeiten einschränken. Wichtig erscheint auch, dass die Regierenden und die Verwaltung von juristischen und anderen Kontrollen weitgehend befreit werden sollen.

Einige Maßnahmen sind gezielt gegen ethnische Minderheiten bzw. MigrantInnen gerichtet. Im Übrigen fällt auf, dass in vielen Fällen das Motiv persönlicher Rache im Spiel ist und dass es eine obsessiv ablehnende Haltung gegenüber Trans-Menschen gibt (deren Erklärung der Psychoanalyse überlassen werden sollte).

Nach der Innenpolitik wenden wir uns der **Außenpolitik** (einschließlich der Handelspolitik) zu. Auch in diesem Bereich werden Impulse der radikalen Art gesetzt:

20. Januar (erster Tag im Amt)
Trump erlässt einen fast kompletten Stopp der US-Entwicklungshilfe.

Er unterzeichnet ein Schreiben an die Vereinten Nationen, in dem er die Absicht seiner Regierung zum Austritt aus dem Pariser Klima-Abkommen erklärt. (In seiner ersten Amtszeit hatte er diesen Schritt schon einmal vollzogen, der aber danach durch Präsident Biden zurückgenommen wurde.)

Trump ordnet den Austritt der USA aus der Weltgesundheitsorganisation (WHO) an.

23. Januar
Trump erklärt erneut, den Panamakanal unter US-Kontrolle bringen zu wollen.

24. Januar
Das US-Außenministerium setzt die finanziellen Mittel für fast alle Auslandshilfsprogramme der Vereinigten Staaten vorläufig aus.

27. Januar
Die Regierung beurlaubt zahlreiche führende Mitarbeiterinnen und Mitarbeiter der Entwicklungsbehörde *USAid*.

1. Februar
Trump verhängt Zölle gegen Waren aus Kanada und Mexiko. Zunächst geht es um eine Größenordnung um 25 %. (Dann gibt es ein Hin und Her. Nach zwei Aufschüben und wechselseitigen Drohungen sind vorerst Produkte ausgenommen, die unter das Freihandelsabkommen USMCA fallen.)

3. Februar
Außenminister Rubio soll vorläufig die Leitung der Entwicklungsbehörde USAid übernehmen.
Trump bietet der Ukraine Unterstützung an: im Austausch für *Seltene Erden*.

4. Februar
Der Präsident ordnet an, die Finanzierung der USA für die Vereinten Nationen zu überprüfen und erklärt den Austritt seines Landes aus dem VN-Menschenrechtsrat.
Trump schlägt vor, den Gaza-Streifen unter die Kontrolle der USA zu stellen. Kurz darauf relativieren US-Regierungsvertreter seine Äußerungen.
Die US-Regierung beurlaubt nahezu alle Mitarbeiterinnen und Mitarbeiter der Entwicklungsbehörde.

6. Februar
Trump erlässt Sanktionen gegen den Internationalen Strafgerichtshof (IStGH).

7. Februar
Wegen eines Streits über ein Enteignungsgesetz stoppt der US-Präsident sämtliche US-Unterstützung für Südafrika (über das Auslandshilfsprogramm hinaus).

10. Februar
Trump kündigt Zölle in Höhe von 25 % auf Stahl- und Aluminiumimporte an – mit der Aussicht, dass er weitere Zölle auf Autos, Medikamente und Computerchips in Erwägung zieht.

11. Februar
Trump entlässt den Generalinspektor der US-Entwicklungsbehörde USAid.

13. Februar
Donald Trump unterzeichnet ein weiteres Zolldekret. Die Zölle sollen überall dort steigen, wo sie aufseiten der USA niedriger sind als bei ihren Handelspartnern.

14. Februar
US-Vizepräsident JD Vance erklärt auf der *Münchner Sicherheitskonferenz*, er sehe nicht in Russland oder China eine aktuelle Bedrohung, sondern in der Gefährdung der Meinungsfreiheit und der Unterdrückung von Andersdenkenden in Europa.

18. Februar
Der Präsident kündigt Zölle auf Auto-Importe in Höhe von etwa 25 % an. Es kommt zu einer diplomatischen Begegnung der USA und Russlands in Riad, Saudi Arabien, mit dem, Ziel, Wege zur Beendigung des Krieges in der Ukraine zu finden. Die Europäische Union und die Ukraine sind bei dem Treffen ausgeschlossen. Kein substanzielles Ergebnis außer der Bekräftigung des Willens zu weiterer Kommunikation.

19. Februar
Die US-Regierung stuft acht lateinamerikanische Drogenkartelle als Terrororganisationen ein.

23. Februar
Die US-Regierung kündigt an, 1600 Stellen bei der Entwicklungsbehörde USAid komplett zu streichen.

26. Februar
Trump untersagt die Erdölförderung in Venezuela durch den US-Konzern Chevron.

Das US-Außenministerium gibt Budgetkürzungen für die Entwicklungshilfe um 90 % bekannt.

28. Februar
Präsident Volodymyr Selenskyj befindet sich auf Einladung im Weißen Haus. Trump und Außenminister Rubio wollen mit ihm über ihr Geschäftsangebot sprechen: militärische Unterstützung gegen Rohstoffausbeute unter US-Regie. Selens-

kyj lässt sich darauf nicht ein. Er verlangt als Erstes eine amerikanische Sicherheitsgarantie für sein Land. Daraufhin wird ihm die Tür gewiesen.

3. März/5. März
Der Präsident stoppt vorübergehend sämtliche Militärhilfen für die Ukraine.
Die Ukraine erhält keine Geheimdienst-Informationen mehr aus den USA.

7. März
Trump droht Putin mit – nicht näher spezifizierten – Sanktionen, um ihn verhandlungsbereit zu stimmen, zieht diese aber nach wenigen Stunden zurück.

12. März
Aus dem Weißen Haus kommt der Vorschlag einer 30-tägigen Waffenruhe in der Ukraine.
 Die Bereitstellung von Rüstungsgütern und Geheimdienstinformationen für die Ukraine soll wieder aufgenommen werden. Es gibt aber keine konkreten Pläne für die Lieferungen von Waffen.
 Wenn Polemik gefragt wäre, ließe sich die Außenpolitik Trumps als „unchristlich" und mit drei Sentenzen charakterisieren: *Helfe niemandem. Behalte deine Ressourcen und mehre sie! Wenn du dennoch meinst, helfen zu müssen, tue es nur, wenn es zu deinem Vorteil ist!*

Weitere Anstöße und Initiativen

Der folgende Nachvollzug der Aktionen Trumps und seiner Helfer in der zweiten Hälfte der für diese Studie gewählten Zeitspanne beschränkt sich auf die Außen- (und Handels-)Politik und verfährt eher kursorisch und wiederum selektiv:
 Am *13. März* beschließt die US-Regierung restriktive Einreiseregeln für Kanadier, die sich länger als 30 Tage in den USA aufhalten wollen. Dies betrifft fast drei Millionen Personen.
 Noch einmal fordert Trump, Grönland dem US-Staatsgebiet zuzuschlagen. (Der bei dieser Erklärung anwesende NATO-Generalsekretär Mark Rutte reagiert defensiv.)
 Der Streit mit Südafrika eskaliert. Der Botschafter dieses Landes wird ausgewiesen.
 Per Dekret entlässt Donald Trump am *15. März* mehr als 1000 Mitarbeiterinnen und Mitarbeiter der von der US-Regierung geförderten Auslandssender.

Am selben Tag beginnt die U.S. Navy vom Persischen Golf aus mit Schlägen gegen die schiitischen Huthi-Kämpfer im Jemen, die zuvor Schiffe im Roten Meer angegriffen und im Kontext des Gaza-Konfliktes Kampfdrohnen nach Israel entsandt hatten. Auf diese Maßnahmen folgen alsbald massive Drohungen Trumps an die Adresse des Iran, als der die Huthis stützenden Macht.

Die USA schieben mehr als 200 angebliche Gang-Mitglieder nach El Salvador ab und setzten sich dabei über eine richterliche Entscheidung hinweg.

Der Großteil des Vorstandes des US-Friedensinstitutes (USIP), das sich mit gewaltfreien Konfliktlösungen befasst, wird entlassen.

Am *18. März* kommt es zu einem Telefonat zwischen Donald Trump und Wladimir Putin. Im Vorfeld war in Europa befürchtet worden, dass Trump dem Moskauer Herrscher über die Köpfe der Ukrainer hinweg die Krim anbieten würde, um seinen Vorschlag einer 30-tägigen Feuerpause realisieren zu können. Das Ergebnis sieht jedoch anders aus: Verabredet wird nur die beiderseitige Einstellung der Angriffe gegen die Infrastruktur für 30 Tage (eine Vereinbarung, die Russland bald danach brechen sollte).

Am *23. März* wird bekannt, dass Elon Musks Plattform X nach der Verhaftung des Istanbuler Bürgermeister Ekrem İmamoğlu regierungskritische Accounts blockiert.

Während das russische Bombardement ukrainischer Infrastruktur – der Absprache entgegen – weitergeht, treffen sich der US-Außenminister Marco Rubio und sein ukrainischer Amtskollege Andrij Sybiha in Saudi Arabien zu Gesprächen über Möglichkeiten der Konfliktbeendigung (damit wird die Ukraine doch am Prozedere beteiligt).

Der diplomatische Kontakt in Saudi Arabien wird weitergeführt. Die US-Delegation spricht anschließend auch mit Vertretern Russlands. Die US-Diplomaten meinen am *25. März,* einen Erfolg verzeichnen zu können: nämlich ein erneutes Moratorium die Angriffe auf Infrastruktur betreffend und eine Vereinbarung, den Schiffsverkehr im Schwarzen Meer nicht mehr zu behelligen. Russland jedoch meldet einen Vorbehalt an und fordert zuvor einen Abbau der westlichen Sanktionen.

Am *26. März* wiederholt Trump die Androhung spezieller Zölle auf Automobilimporte: gültig ab April.

Die USA erhöhen den Druck in Sachen Grönland: Ostentativ kündigt Vizepräsident JD Vance einen Besuch der dortigen *Pituffik Space Base* an. Dieser findet am *28. März* statt. Vance nutzt diesen Anlass, um die dänische Regierung zu bezichtigen, Wohlergehen und Sicherheit der grönländischen Bevölkerung grob vernachlässigt zu haben. Zur selben Zeit erneuert Trump den Anspruch auf Grönland.

Einen Tag darauf wird die Schließung von USAid zum 1. Juli 2025 verkündet.

Am *30. März* gibt sich Trump sehr verärgert über Putin, da dieser die Legitimität der ukrainischen Regierung bestreitet. (Denn diese wird als Partner des angestrebten Abkommens zur Rohstoffausbeute gebraucht.)

Am nächsten Tag darauf bekundet er Marine le Pen, der Vorsitzenden des französischen *Rassemblement National,* Sympathie. Man habe in den USA versucht, ihn ähnlich zu behandeln. *Le Pen war wegen Veruntreuung von EU-Geldern u. a. zum Verlust des passiven Wahlrechts für fünf Jahre verurteilt worden.*

Wenige Tage später fordern Trump und Musk die „Freilassung" der französischen Politikerin.

Donald Trump ruft den *2. April* zum „Liberation Day" aus. Er will frühere Androhungen von Schutzzöllen wahr machen. Es geht für ihn um die Befreiung der amerikanischen Industrie von Exporthemmnissen. Er stützt seine Argumentation auf den Hinweis, dass zahlreiche Länder höhere Zollschranken haben als die USA.

Der Basiszoll für Einfuhren in die USA soll ab Anfang April bei 10 % liegen. Kurz darauf sollen darüber hinaus gehende länderspezifische und sachbezogene (Automobile, Stahl, Aluminium, Medikamente) Margen in Kraft treten. Bei den sachbezogenen Zöllen geht es gegenüber der EU um 25–27 %, bei den länderbezogenen, im Falle der EU, um 20 %. Andere Staaten sind freilich noch stärker betroffen – z. B.: China und Vietnam. Russland wird von Strafzöllen verschont, die Ukraine nicht. (Für Mexiko und Kanada gelten offenbar die früheren Vereinbarungen.)

US-Außenminister Marco Rubio erklärt auf dem NATO-Gipfel am *3. April,* dass die USA zum Bündnis stehen, die Partner aber fünf Prozent des BIP für die Verteidigung aufwenden müssten. Er behauptet ferner, dass die Grönländer nicht zu Dänemark gehören wollen.

Einige Tage darauf verkündet Donald Trump, dass Gespräche mit Teheran über die Beendigung des iranischen Atomwaffenprogrammes bevorstünden. Weitere Tage später droht er, dass es im Falle des Misslingens einen israelisch-amerikanischen Luftschlag geben könne.

Nachdem es in den USA zu anhaltenden öffentlichen Protesten gegen Trumps Zollpolitik gekommen ist, Verluste an der Börse haben viele Anleger provoziert, spricht sich Elon Musk für eine EU-USA-Freihandelszone aus („Null-Zölle").

Einen entsprechenden Vorschlag der EU (beiderseits keine Zölle auf Industriegüter) lehnt Trump am *8. April* ab. Während dessen eskaliert der Zollkonflikt mit China.

Zu gleicher Zeit verlautet aus Washingtoner Regierungskreisen, dass die Möglichkeit eines Abzuges von 10.000 US-Soldaten aus Osteuropa geprüft wird.

Am *9. April* entscheidet Trump überraschend, die über den Basissatz von 10 % hinausgehenden Importzölle für 90 Tage auszusetzen. Ausnahme ist China, das mit sofort gültigen 125 % abgestraft wird. (China antwortet in gleicher Höhe.)

Die angekündigten Gespräche mit dem Iran finden am *12. April* in Oman statt und sollen fortgesetzt werden (was auch geschieht).

Trump macht Ausnahmen von den Importzöllen. Sie betreffen Smartphones, Computer, andere elektronische Geräte bzw. Bausteine und gelten auch für China.

Am *15. April* behauptet Trump in einem Interview, Selenskyj habe den Krieg mit Russland vom Zaun gebrochen. DER SPIEGEL berichtet, dass die USA die.

Verurteilung eines mörderischen russischen Angriffs auf zivile Ziele in Sumy (Nordostukraine) durch die G7 blockieren. Washington setzt die europäischen Beteiligten an gemeinsamen Bemühungen um einen Waffenstillstand unter Druck: Wenn nicht bald ein Konzept vorläge, würde man sich zurückziehen.

Am *17. April* wird ein „finaler" Friedensplan Trumps bekannt, der wesentliche Positionen Moskaus übernimmt, von der Kreml-Führung aber zunächst zurückgewiesen wird. Der Vorschlag (im Telegramm): *Förmliche Anerkennung der Zugehörigkeit der Krim zu Russland durch die USA, de-facto-Anerkennung der Eroberungen, Ausschluss der NATO-Mitgliedschaft der Ukraine, Möglichkeit eines EU-Beitritts, Sicherheitsgarantie durch Europa (nicht die USA), nicht spezifizierte Wiederaufbauhilfen, begrenzte Erweiterung des ukrainischen Staatsgebiets östlich Charkiv, ungehinderter Zugang zum Dnipro.*

Tage darauf erklärt Trump: Ein besonders heftiger russischer Luftangriff auf Kyiv sei „nicht notwendig" gewesen. Der ukrainische Präsident verhindere den Frieden durch Kompromisslosigkeit. Und: Dass Russland nicht die gesamte Ukraine erobert hätte, sei ein „Zugeständnis".

Bei der Trauerfeier anlässlich des Todes von Papst Franziskus kommt es am *26. April* zu einem Gespräch zwischen Trump und Selenskyj. Danach droht der US-Präsident Russland mit Sanktionen und hinterfragt die Friedensbereitschaft Putins, fordert ihn zu einem Angriffsstopp und zum Abschluss eines Abkommens auf. Ob dieser Wendung zeigt sich in der internationalen Öffentlichkeit Irritation. Russland gibt sich verhandlungsbereit, bleibt aber bei Maximalforderungen – Anerkennung der Landnahme, Entmilitarisierung der Ukraine, Regierungswechsel etc. – und bietet eine dreitägige Feuerpause um den 8. Mai an.

Am *29. April,* 100 Tage nach Trumps Amtsantritt, harrt dieser Konflikt einer Lösung.

Nachbemerkung Am *1. Mai* wird bekannt, dass die Vereinigten Staaten und die Ukraine ein Wirtschaftsabkommen geschlossen haben, das den USA, wie ursprünglich beabsichtigt, privilegierten Zugang zu den Rohstoffen der Ukraine garantiert – insbesondere zu den Seltenen Erden, die für Komponenten der Hochtechnologie wichtig sind. Vorgesehen zu diesem Zweck ist ein gemeinsamer Investitionsfonds, der Mittel – auch – für den Wiederaufbau des zerstörten Landes generieren soll.

Einzahlungen der USA in diesen Fond können als Militärhilfe erfolgen. Die bisher geleistete Unterstützung muss nicht zurückgezahlt werden. Damit ist es offenbar der Ukraine in zähen Verhandlungen gelungen, ein reines Diktat abzuwenden.

Gleichwohl gerät sie damit in beträchtliche ökonomische Abhängigkeit von den USA. Diese Abhängigkeit soll zugleich eine – informelle – Sicherheitsgarantie bieten und ein Signal an Moskau sein.

Folgenkalküle

Maßnahmen gegen Immigration

Nach Schätzungen leben ca. 14 Mio. Menschen „ohne Papiere", also ohne gesicherten Aufenthalt, in den Vereinigten Staaten. Trump hat wiederholt vollmundig verheißen, diese Personen in andere Länder zu expedieren.

Wenn diese Menschen im arbeitsfähigen Alter sind, gehören sie zu beträchtlichem Anteil zur *work force* der USA. Typischerweise verrichten sie Hilfstätigkeiten im Servicebereich oder auch etwa auf dem Bau. Die Ausweisung nennenswerter Teile dieses Personenkreises würde der Wirtschaft der Vereinigten Staaten schweren Schaden zufügen (und als Wachstumsbremse wirken können).

Zudem fällt ins Gewicht, dass eine solche Maßnahme, abgesehen von juristischen Problemen, enorme organisatorisch-technische Schwierigkeiten mit sich bringen würde, die kaum begründbare fiskalische Folgen hätten.

Zu vermuten ist, dass die plakativ-dramatischen Maßnahmen, welche die Trump-Administration in den ersten Monaten ihrer Regierung an der „Migrationsfront" ergriff, über die Abschreckung hinaus eine doppelte Funktion hatten: Zum einen ging es darum, dem fremdenfeindlichen Teil der Anhänger des Präsidenten zu zeigen, dass Wort gehalten wird.

Zum anderen war eine Botschaft an Lateinamerika beabsichtigt: *Die überwältigende Mehrheit der Menschen „ohne Papiere" kommt aus den Gefilden südlich der USA – bis 2013 hauptsächlich aus Mexiko, danach zunehmend aus den anderen zentralamerikanischen Staaten.*

Mit der Ausweisungsdrohung ist eine Art Lackmustest verknüpft: Die lateinamerikanischen Länder können zeigen, ob sie „Freunde der USA" und aufnahmebereit für Ausgewiesene sind.

Dies sollte im Kontext einer Reise in zentralamerikanische Länder gesehen werden, die US-Außenminister Marco Rubio nach seinem Amtsantritt unternahm. Auf dieser Reise erklärte er mehrfach, dass es in der Region Feinde der USA gebe, und die könnten nichts Gutes erwarten. Dazu zählen nach Washingtoner Kriterien die „Schurkenstaaten" Kuba, Nicaragua und Venezuela. Aber auch eher liberal regierte Länder wie Mexiko, Kolumbien, Honduras, Uruguay und Chile stehen unter kritischer Beobachtung.

Es geht also um Disziplinierung – darum, Lateinamerika wieder zum Hinterhof der Macht im Norden zu machen.

Einfuhrzölle und Handelskonflikt

Die Vereinigten Staaten, genauer gesagt die Nordstaaten in der zweiten Hälfte des 19. Jahrhunderts, haben positive Erfahrungen mit Schutzzöllen gemacht. Diese dienten dazu, die sich dort entwickelnde Industrie vor der zunächst übermächtigen Konkurrenz der englischen zu schützen. Die Entwicklung gelang, und die Produktion zog an jener der Konkurrenz vorbei. Fortan wurden die USA tendenziell zum Anwalt des Freihandels, der nach Ansicht der meisten Ökonomen Wachstum und Wohlstand fördert.

So verhandelten vor über einer Dekade die EU und die USA über ein transatlantisches Freihandelsabkommen, mit dem nicht nur Zölle gesenkt, sondern auch nicht-tarifäre Handelshemmnisse, wie etwa Qualitätsstandards, angepasst werden sollten. (Ähnliche Abkommen hatten die USA bereits mit Mexiko und Kanada geschlossen.) Doch die Vereinbarung zwischen den USA und Europa liegt seit Trumps erster Amtszeit auf Eis.

Vor dem Hintergrund des notorischen Handelsbilanzdefizits will Donald Trump die US-Wirtschaft vor der europäischen und auch anderer Konkurrenz, etwa der chinesischen, durch Zollerhöhungen schützen – nach dem Modell von anno dunnemals. Mittlerweile aber, in Zeiten der Globalisierung, gibt es ein multipolares Geflecht von Wirtschaftszentren. Eingriffe durch dramatische Zollerhöhungen sowie die erwartbaren ebenso drastischen Gegenmaßnahmen schaffen Unruhe und beseitigen kalkulierbare Planungshorizonte.

Innerhalb der USA mögen die entsprechenden Maßnahmen kurz- bis mittelfristig dazu führen, dass relativ schwache Unternehmen, vom Druck ausländischer Konkurrenz befreit, sich länger am Markt behaupten können. Damit ist für diese Zeitspanne, wie von Trump verheißen, eine gewisse Sicherung von Arbeitsplätzen zu erwarten.

Zugleich aber kann die Befreiung von Konkurrenz bedeuten, dass die Preise in den betreffenden Branchen steigen und auf die allgemeine Inflationsrate durchschlagen: Dies und die Planungsunsicherheit durch den Handelsstreit sind gute Auslöser einer Rezession.

Längerfristig dürfte die virtuelle Absenz von herausfordernden Mitanbietern bedeuten, dass Anreize für technologische Innovationen ausbleiben, was negative Auswirkungen auf die Leistungskraft der Wirtschaft und ihre Wachstumschancen hätte.

Trump scheint diese Problematik erkannt zu haben. So lädt er die ausländische Konkurrenz immer wieder ein, bisherige Standorte aufzugeben und sich in den USA anzusiedeln. Besonders angesprochen ist die deutsche Automobilindustrie, die zwar bereits mit Produktionsanlagen in den USA präsent ist, aber etwa auch in Mexiko, also nahe am US-Markt, Fahrzeuge herstellt.

Mit Strafzöllen für ihre Exporte soll sie noch mehr Produktion in die USA verlagern, Konkurrenz und Geschäft beleben sowie Arbeitsplätze schaffen. Fragt sich allerdings, ob sich die Automobilbauer dazu motivieren lassen – noch mehr in einem Land zu investieren, dessen Wirtschaftspolitik *in toto* bislang einen eher chaotischen Eindruck macht und dessen gesellschaftlich-politische Entwicklung in den Sternen steht.

Zu vermuten ist, dass sich die deutschen (und europäischen) Exporteure forciert an anderen Märkten orientieren und am Ende – nach einer Phase von Wachstumseinbußen – durch die amerikanischen Zollschranken weniger zu leiden haben werden als die in der Konkurrenz schwächere US-Wirtschaft. Dies steht allerdings unter dem Vorbehalt, dass sich die Politik hoher Zollschranken nicht wie eine Seuche weltweit ausbreitet.

An der Entwicklung des *Dow Jones Industrial Average,* **des** US-amerikanischen Aktienindexes, lässt sich ablesen, dass die ersten Monate Trumps von deutlichen Irritationen der Wirtschaftswelt begleitet waren: mit Amtsantritt ein steiler Anstieg, offenbar in Erwartung goldener Zeiten des Kapitalismus, und danach Verluste um 15 % gefolgt von einer nur begrenzten, unsicheren Erholung nach dem temporären Aussetzen der Zollerhöhungen.

Die Welthandelsorganisation (WTO) erwartet wegen der Zollmanipulationen für 2025 einen Rückgang des Welthandels um mindestens 0,2 % (*worst case*: 1,5 %). Und der Internationale Währungsfonds (IWF) hat seine Wachstumsprognose für die Weltwirtschaft von 3,3 auf 2,8 % im Jahre 2025 gesenkt.

Es ist spekuliert worden, dass die Irritation des Aktienmarktes auf ein rationales Kalkül zurückgeht: nämlich die Anleger zu motivieren, mehr Staatsanleihen zu kaufen. Dies vor dem Hintergrund der enormen Staatsverschuldung der USA.

Eine solche Entlastungsstrategie geht aber ins Leere, wenn eine durch die Politik Trumps ausgelöste Rezession die Steuereinnahmen mindert.

Energiepolitik und Umweltschutz

Die Atomindustrie wird weiter florieren und das Geschäft mit fossilen Energieträgern ebenso. Chris Wright, Fracking-Unternehmer und Lobbyist, ist Energieminister der Vereinigten Staaten. Neue Lizenzen für Ölbohrungen wurden vergeben. Bereits in seiner ersten Amtszeit gab Donald Trump beträchtliche Flächen der großen Nationalparks in den USA für Ölbohrungen und Fracking frei. Kauf und Betrieb von Elektro-Autos werden nicht mehr staatlich subventioniert. Ein „Verbrenner-Aus" im Straßenverkehr wird es – zumindest mit Trump – nicht geben.

Es wird auf kostengünstige Energie gesetzt – und auch auf die Abschaffung von Umweltschutzbestimmungen, die als wachstumshemmend gelten (womit die erwähnten – von Trump geschaffenen – Wachstumshemmnisse aber wohl nicht kompensiert werden können.)

Das ist die Energiewende rückwärts, der Abschied von der Verantwortung für die Natur. Die unmittelbaren Folgen für die Menschen in den Bohr- und Fracking-Gebieten sind bekannt. Und die Luftqualität – insbesondere in den Städten – wird sich nicht bessern: eher im Gegenteil.

Die langfristigen Folgen fortgesetzten CO_2-Ausstoßes werden geleugnet oder hingenommen. Letzteres in der Hoffnung, die Auswirkungen über den „Machtfaktor" kompensieren zu können.

Die US-Industrie hat also wenig Anreize, Technologien (weiter) zu entwickeln, um ihre Produktionsverfahren und Erzeugnisse klimaneutral zu machen. Dadurch läuft sie Gefahr, im globalen ökonomischen Wettstreit ins Hintertreffen zu geraten. Obwohl durch die Energiepolitik Trumps auch für andere Teile der Welt Signale gesetzt werden, den Ausstieg aus den fossilen Energieträgern hinauszuschieben, dürften am Ende – mit einiger Verzögerung – jene Kräfte (vor allem in China und Europa) obsiegen, die aus Überlebensinteresse am Kurs CO_2-neutraler Energiegewinnung festhalten.

Ihre Technologien werden dann im weltweiten Konkurrenzkampf ausschlaggebend sein: auch wenn in einer längeren Übergangsphase in den USA wegen der im Vergleich niedrigeren Energiekosten tendenziell billiger produziert werden kann.

Das Hinausschieben des Ausstiegs aus den fossilen Energieträgern kommt übrigens jenen Staaten zugute, die wegen eher schwacher industrieller Basis, aber reicher Vorkommen an fossilen Energieträgern, diese ausbeuten, um die Loyalität ihrer Bevölkerung sichern und nach außen respektable Macht entfalten zu können. Vor Ländern wie Saudi Arabien und dem Iran ist Russland zu nennen, das auf der Basis von Einnahmen aus dem Geschäft mit Öl und Gas einen blutigen Angriffskrieg führt. Allerdings: Eine aus Trumps Handelsstreit resultierende weltweite Rezession wird auch diesen Ländern kurz- und mittelfristig schaden.

In Sachen Russland und Ukraine

Donald Trump hat seit dem Angriff Russlands auf die Ukraine mehrfach erklärt, dass er den Krieg, wenn er wieder Präsident wäre, sehr bald („in hundert Tagen") beenden würde. Doch die Erwartung wurde enttäuscht. Der blutige Konflikt schleppt sich hin.

Aus Trumps öffentlichen Einlassungen ist zu erkennen, dass er diesen Konflikt wie den zwischen zwei Unternehmen sieht: einem großen und einem kleinen, wobei das Letztere sich gegen eine feindliche Übernahme wehrt. Dass es hier um eine gravierende Verletzung des Völkerrechts und um einen Angriff auf die „regelbasierte" Friedensordnung Europas geht, scheint ihm nicht auf. Dies wurde von der europäischen Politik vehement moniert.

Trump, der sich mit seinen Erfahrungen aus dem Wirtschaftsleben als energischer Broker sieht, der *beide* Streithähne mit gehörigem Druck zu einer Einigung treibt, verfuhr in diesem Fall anders. Die Ukraine blieb – zunächst – ausgesperrt und die Europäer ebenso. Über alle Köpfe hinweg sollte der *Deal* mit Russland ausgehandelt werden. Zwar machte er zunächst Anstalten, Moskaus Position durch Androhung von Sanktionen zu schwächen, nahm dies aber schnell wieder zurück. Viel eher setzte er – zumindest anfänglich – auf seine Beziehungen zu Wladimir Putin, den er offenbar persönlich schätzt.

Zudem gibt es Hinweise (keine gesicherten Belege), dass Trump im Immobiliengeschäft die Unterstützung russischer Oligarchen genoss, und es ist gerichtsnotorisch, dass es während seines ersten Präsidentschaftswahlkampfes Moskauer Interventionen zu seinen Gunsten gab.

Demgegenüber wurde versucht, die Ukraine – insbesondere ihren Präsidenten – gleichsam „weichzuklopfen". Militärische Hilfe soll künftig, ohne Sicherheitsgarantie, nur noch bei Gegenleistung gegeben werden: nämlich dominanter US-Beteiligung an der Ausbeutung wichtiger Rohstoffe in der Ukraine.

Der Entwurf eines Rohstoffabkommens USA-Ukraine geriet in die *Financial Times*. Es soll ein „US-Ukraine-Wiederaufbau-Investitionsfonds" gegründet werden. Die anfängliche finanzielle Basis würden die Rückzahlungen der bisherigen

US-Hilfen durch die Ukraine (mit 4 % jährlicher Verzinsung) bilden. Zweck des Fonds wäre die Ausbeute aller natürlichen Ressourcen der Ukraine (Stichwort: Seltene Erden). Die USA hätten im Vorstand der Unternehmung die Mehrheit und könnten einseitig Profite abziehen.

Kurzfristig wurde die Militärhilfe (samt der Lieferung geheimdienstlicher Daten) ausgesetzt und dann offiziell wieder aufgenommen, aber im Hinblick auf Waffen ohne konkrete Folgen.

Elon Musk assistierte, indem er mehrfach androhte, der Ukraine den Zugang zu *STARLINK* zu sperren, einem militärisch bedeutsamen Satelliten-gestützten Kommunikationssystem, das von einem seiner Unternehmen betrieben wird.

Wolodymyr Selenskyj war besonders betroffen. Böse Nadelstiche kulminierten in seinem Hinauswurf aus dem Weißen Haus: Es wurde ihm Asyl angeboten – als Aufforderung aufzugeben. Auch fand Moskauer Desinformation in Washington ein Echo: Selenskyj habe nur noch die Unterstützung von vier Prozent seiner Bevölkerung (tatsächlich waren es nach seriösen Umfragen 56 %, während Trump bei 44 % lag). Zudem sei der ukrainische Präsident nicht durch Wahlen legitimiert (doch diese sind nach der Verfassung des Landes in Kriegszeiten ausgesetzt).

Die Liebedienerei Washingtons wurde freilich nicht honoriert. Trump, der einen schnellen Erfolg brauchte, erreichte in seinem Telefonat mit Putin am 18. März nur eine partielle Waffenruhe (die von Russland alsbald gebrochen wurde). Seither wird die Ukraine an diplomatischen Gesprächen über ihr Schicksal beteiligt. Allerdings: Trumps „Friedensplan" verletzt gröblich deren Rechte und Interessen. Umso überraschender dann die Kritik an Russland anlässlich der Trauerfeier für Papst Franziskus: Trump als Zufallsfaktor in der Weltpolitik.

Nordatlantische Allianz am Ende

Donald Trump hat den Europäern in der NATO gegenüber immer wieder betont, dass es militärische Unterstützung nur gibt, und diese nicht einmal als Garantie, wenn der schutzbedürftige Staat kräftig in seine Verteidigung investiert: fünf Prozent des BIP als Richtwert (der gegenwärtige Anteilswert der USA liegt unter 3,5). Polen, das der Richtgröße nahekommt, erhält eine explizite Beistandszusage (die Menschen polnischer Herkunft stellen in den USA einen relevanten Wählerblock dar), andere nicht. Mit dieser Relativierung entfällt auch die Garantie der *extended deterrence,* der nuklearstrategischen Abschreckung, die generell auch die Europäer – im Sinne eines Schutzschirmes – einbezieht. Damit aber ist der NATO die Existenzgrundlage entzogen.

Trump hat Klarheit geschaffen, denn der nukleare Schutz, samt Einfluss auf die Einsatzplanung, war zwar ein Glaubenssatz der Europäer, doch hat die letzte Entscheidung immer allein beim US-Präsidenten gelegen. Zudem wurde in Washington während des Kalten Krieges eifrig daran gearbeitet, einen Atomkrieg im Falle eines Falles auf Europa zu begrenzen.

Die Sicherheitspolitik auf dem alten Kontinent sieht sich nun nackt und bloß: Der *horror vacui* breitet sich aus. Man tut so, als gebe es die NATO weiterhin und sucht – hysterisch – nach einer Schließung der Lücke. In Deutschland ist eine Erhöhung des Anteils der Verteidigungsausgaben von gegenwärtig etwa zwei Prozent des BIP gegen 3,5 im Gespräch: und zwar durch Kreditaufnahme, womit hohe Zinsen und eine Verschiebung der Last auf nachfolgende Generationen verbunden sind.

Auf jeden Fall wird der fiskalische Handlungsspielraum eingeschränkt, was etwa die Stabilisierung des Sozialstaates gefährdet: und das in Zeiten, in denen die Demokratie auf dem Prüfstand steht. (Will Trump nicht seine Konkurrenz schwächen?).

Sicherlich, Russland stellt eine Bedrohung dar. Es empfiehlt sich jedoch, einige einfache Fakten zur Kenntnis zu nehmen, was keineswegs verharmlosen, sondern eine nüchterne Einschätzung ermöglichen soll:

Die schwache Ukraine hält schon seit mehr als drei Jahren gegenüber russischer Übermacht stand, obwohl die westliche Waffenhilfe wiederholt zu spät kam und oft nicht dem Bedarf entsprach.

Im Jahre 2024 gaben alle Länder der EU zusammengenommen 326 Mrd. Euro für die Verteidigung aus, während der entsprechende Betrag Russlands – *einschließlich Aufwendungen für die innere Sicherheit* – bei etwa der Hälfte lag (de.statista.com/consilium.europa.eu). In diesem Kontext ist auch relevant, dass Russland nicht sein gesamtes Truppenaufkommen gegen Europa richten kann. Wesentliche Teile sind in Fernost und Zentralasien gebunden.

Dramatische Aufrüstung in Europa lässt sich also kaum begründen. Vielmehr geht es in der jetzigen angespannten Lage darum, hemmende Nationalismen zu überwinden, die Kräfte zu bündeln und eine wirklich integrierte europäische Armee zu schaffen: im Rahmen der EU-Institutionen und möglichst unter Verwendung der NATO-Infrastruktur.

Diese Streitmacht wäre sinnvollerweise auf die strategische Defensive festgelegt: die Verteidigung des eigenen Territoriums. Aufwendige Elemente weitreichender Machtprojektion würden überflüssig. Gleichwohl sollte auf operativ-taktischer Ebene die Option zur flexiblen Unterstützung bedrohter Nachbarn bestehen.

Bleibt die Frage der Reaktion auf eine atomare Bedrohung: Da das US-amerikanische Abschreckungspotenzial nicht gesichert zur Verfügung steht, fällt der Blick auf Frankreich. Dessen nukleare „Minimalabschreckung" genügt den Kriterien sicherheitspolitischer Stabilität – als letzte Rückversicherung und nicht als Provokation durch die Bereitschaft zum atomaren *warfighting*. Ein entsprechendes Signal aus Paris, das französische Potenzial zu „europäisieren", gibt es bereits.

Die Biden-Administration hatte 2024 entschieden, erneut atomare Mittelstrecken-Flugkörper in Deutschland zu stationieren. Damit sollte auf die russische Stationierung vergleichbarer Waffen im Raum Kaliningrad reagiert werden. (Der eine solche Stationierung ausschließende INF-Vertrag von 1987 ist damit obsolet.)

Diese Entscheidung wurde vom Pentagon nicht zurückgenommen. Soll damit – fälschlich – suggeriert werden, dass es die NATO, im Sinne nuklearer Rückversicherung, doch noch gibt? Geht es darum, Deutschland zu zeigen, wer der Herr und Meister ist? Oder will sich Washington gegenüber Russland, dem man vielleicht doch nicht traut, im Sinne eines auf Europa begrenzten atomaren *warfighting* Optionen verschaffen?

Behandlung des Nahost-Konflikts

Wie bereits berichtet: Donald Trump schlug am 4. Februar 2025 vor, den Gazastreifen unter US-amerikanische Kontrolle zu stellen. Zumindest vorübergehend sollte die dortige Bevölkerung in arabische Nachbarländer umgesiedelt – also völkerrechtswidrig deportiert – werden.

Er sprach von der Entwicklung zu einem Erholungsgebiet für Wohlhabende: mit Assoziationen zur Riviera.

Aus dem Weißen Haus kam – anonym – sehr bald eine drastische Relativierung dieses Vorschlages. Es war bewusst geworden, dass ein derartiger Plan immense Kosten, zunächst für die Sanierung der Ruinenlandschaft, verursachen würde, die im Bundeshaushalt der USA, der auf Einsparungsmöglichkeiten überprüft werden soll, nur schwer zu rechtfertigen wären. Zudem war klar geworden, dass eine derartige Entwicklungszone des dauerhaften Schutzes durch US-Truppen vor Ort bedürfen würde, was Trumps genereller Rückzugsstrategie entgegengestanden hätte.

So wurde in Sachen Finanzierung auf die arabische Welt verwiesen – keineswegs auf Israel, das die Schäden verursacht hat – und dann der Vorschlag nicht weiterverfolgt.

Die Arabische Liga reagierte: Der Plan der Deportation wurde energisch zurückgewiesen, die Forderung nach einer Zweistaatenlösung für Israel und die Palästinenser erneuert: eine Forderung, die auch von früheren US-Regierungen erhoben wurde, aber bei Trump nicht mehr vorkommt.

Die Staaten der Arabischen Liga sehen sich in der Verantwortung für den Wiederaufbau im Gazastreifen. Doch blieb es bislang bei Vorstellungen einer „Übergangslösung": wobei offen ist, wie lange dieser Übergang dauert. Die Palästinenser scheinen noch einmal gestraft zu werden.

Trumps Vorschlag einer Umsiedlung in arabische Länder hat diese auf das Äußerste provoziert:

*Seit der **nakba**, der Vertreibung von fast 700.000 Palästinensern von israelischem Staatsgebiet (1948) haben die allermeisten von ihnen und ihre Nachkommen in Flüchtlingslagern auf dem Gebiet der Nachbarländer (auch im Gazastreifen) gelebt. Eine Aufnahme in die Gast-Gesellschaften ist vermieden worden, da Machtansprüche der Palästinenser befürchtet wurden. Es kam sogar zur blutigen Niederschlagung von Bestrebungen nach politischer Partizipation.*

Trumps Vorschlag, bei dem es um die Vertreibung von über *zwei Millionen* Menschen gehen würde, ist instinktlos. Dieser geht sehr wahrscheinlich auf eine Anregung Jared Kushners zurück, seines Schwiegersohns, der während der ersten Präsidentschaft Chefberater und Nahost-Gesandter Trumps war. Kushner ist ein enger Freund Benjamin Netanjahus.

Beklemmende Intervention

Julianne Moore, Hollywoodstar und Oscarpreisträgerin, publizierte 2007 ein Kinderbuch unter dem Titel *Strawberry Freckleface*. Die deutsche Fassung wurde mit „Sommersprossenfeuerkopf" betitelt.

Das Buch hat autobiografische Züge und schildert die Probleme und Kämpfe eines kleinen Mädchens, das „anders" ist – rothaarig und fürchterlich sommersprossig. Es geht um das „Anderssein", darum, wie es sich bewältigen lässt: auch und gerade, wenn man klein und schutzbedürftig ist.

Es geht nicht um ein ideologisches Erziehungsprogramm von „Ostküstenliberalen". Es geht auch nicht um *gendering*. Gott, wenn er denn vorkäme, würde nicht „Göttin" genannt werden, und es gibt auch keinen besonderen Bezug zur Sexualität. Und wenn es ihn denn gäbe, keinen, an dem die Evangelikalen, Trumps Hardcore-Unterstützer, Anstoß nehmen könnten.

Obwohl die Pädagogik in den Vereinigten Staaten, und übrigens auch in Deutschland, das Buch als Lektüre für die ersten Jahrgänge der Elementar-SchülerInnen für geeignet hält, wurde es doch aus den Schulen der US-Streitkräfte verbannt.

Das Verteidigungsministerium der Vereinigten Staaten hat deutlich über zwei Millionen Bedienstete: in Uniform und als zivile Angestellte. Für die Kinder der entsprechenden Familien unterhält es ein eigenes Schulsystem. Gerät ein Buch auf die rote Liste, sind davon fast 70.000 Schülerinnen und Schüler betroffen.

Dem Vernehmen nach ist das Verbot von *strawberry freckleface* von Trump persönlich gekommen, der es durch seinen Helfer Pete Hegseth, den Verteidigungsminister, vollstrecken ließ. Julianne Moore war irritiert und zunächst verständnislos: hatte sie doch als Tochter eines Vietnam-Veteranen die von den Streitkräften betriebene Frankfurt High School besucht und dort ihr Examen gemacht – und hatte sie doch immer loyal zur Truppe gestanden. Ihr Kommentar: „Ich hätte nie gedacht, dass ich so etwas in einem Land erleben würde, in dem die Rede- und Meinungsfreiheit ein verfassungsmäßiges Recht ist."

Es wurden Erklärungen gesucht: Ist es etwa die Darstellung des Andersseins als Normalität, die Anstoß erregte, oder eher die triviale Tatsache, dass Ms. Moore Barack Obama in öffentlichen Statements unterstützt hatte?

Bemerkenswert in diesem Zusammenhang ist, dass auch andere Bücher für den Schulgebrauch dem präsidentiellen Bann verfielen.

In einem geht es ebenfalls um das Anderssein, allerdings anderer Art. Die Autorin Amy Ellis Nutt, Wissenschaftsredakteurin der Washington Post und Gewinnerin des Pulitzer-Preises (2011) in der Kategorie „Sachbücher" vollzieht in „Becoming Nicole" die komplexen Transformationsprozesse nach, die ein junger Mensch mit männlichen Geschlechtsmerkmalen, der weiblich sein will, und seine Familie bewältigen.

In einem anderen mit dem Titel „No Truth without Ruth: The Life of Ruth Bader Ginsburg" liefert die – ebenfalls preisgekrönte – Autorin Kathleen Krull eine speziell für Jugendliche reich bebilderte Biografie der legendären Richterin am Supreme Court, dem Verfassungsgericht der Vereinigten Staaten. Diese, liebevoll „ruthless Ruthie" genannt, hatte sich als Streiterin für die Gleichberechtigung der Frauen einen Namen gemacht.

Unmittelbar nachdem Ruth Bader Ginsburg im September 2020 gestorben war, brachte Donald Trump, es ging auf das Ende seiner ersten Amtszeit zu, die Besetzung der vakanten Stelle mit einer ihm genehmen Nachfolgerin durch den Senat.

Damit hatte er das höchste Gericht des Landes mit klarer Mehrheit auf seiner Seite: ein Sachverhalt, der während seiner zweiten Amtszeit relevant sein dürfte. (Joe Biden, sein damaliger Gegenkandidat und dann Nachfolger, hatte ihn erfolglos gebeten, die Neubesetzung wegen der damit verknüpften politischen Brisanz in die Amtszeit des künftigen Präsidenten zu verschieben.)

Das liberale Amerika rätselt: Wurde mit dem Akt des Verteidigungsministeriums ein Zeichen gesetzt? Werden für das Schulwesen zuständige Gebietskörperschaften, die unter republikanischer Kontrolle stehen, ebenfalls entsprechende Verbote aussprechen?

Stehen die USA am Anfang einer Gedankenkontrolle per Schulbuch? Einer Kulturrevolution „von oben"? Oder wird sich die Pädagogik mit ihren Standards doch als resistent genug erweisen, um – in der Breite – derartige Zumutungen zurückzuweisen?

Der geschilderte Eingriff in die Freiheit der Information fügt sich ein in Bemühungen, das gesamte amerikanische Bildungswesen „auf Linie" zu bringen – wobei vor allem auch die liberalen Universitäten ins Visier geraten sind.

Dabei besteht der Eindruck, dass es dem Trumpismus nicht nur um eine gesellschaftliche Kehrtwende durch strategische Signale geht, sondern dass auch das Klein-Klein der Umsetzung sehr ernst genommen wird: Makro- *und* Mikromanagement. Dies bestätigt jene Analysen, die zu dem Schluss gekommen sind, dass man in die zweite Amtszeit Trumps sehr viel besser vorbereitet ging als in die erste.

Schlussbetrachtung

Für die ersten hundert Tage ist zu notieren **Missachtung der dritten und vierten Gewalt, Abschreckung von Immigration, partielle Demontage des Staatsapparates, Absage an den Klimaschutz, Rückzug aus humanitärem Engagement, imperiale Ansprüche gegenüber anderen Staaten, Missachtung des Völkerrechts, Unsicherheit im Welthandel, Zerstörung der Nordatlantischen Allianz, versuchte „Kolonisierung" der Ukraine, Provokation der Arabischen Liga.**

Zu den Perspektiven Es lassen sich in Bezug auf den Trumpismus zwei kontrastierende Narrative denken – die sich freilich nicht völlig ausschließen:

Das *erste Narrativ* lässt die Bewegung um Donald Trump als ein Bemühen erscheinen, die US-amerikanische Politik – und von dort ausgehend auch die Gesellschaft – „aufzufrischen". Es geht um die Befreiung von entfremdenden Entwicklungen: Da gibt es die bürokratische Regelungssucht bisheriger Regierungen, von denen sich viele Bürgerinnen und Bürger ihrer Freiheitsrechte beraubt fühlten. Und obwohl kritische Medien zur Kultur der USA gehören und eine große Zahl von Hollywoodfilmen die Lösung der Konflikte, von denen sie erzählen, vor Gericht enden lassen, hat man doch „die Schnauze voll" von der Kakophonie medialer Informationsfluten und sich ewig hinziehenden juristischen Querelen, bei denen am Ende jene obsiegen, die am meisten „Kohle" haben.

Auch möchte man vielleicht wieder die herzhaftesten Mutterflüche oder fremdenfeindliche Scherze von sich geben dürfen, ohne Gefahr zu laufen, im Geiste eines politischen Korrektsprech, dessen Urheberschaft anonym bleibt, gesellschaftlich hingerichtet zu werden. Und der Erwartung, mit Menschen zwanglos zu kommunizieren, die der Landessprache nicht wirklich kundig sind, wollen viele nicht mit der geforderten Begeisterung entsprechen.

Wer Befreiung in diesem Sinne verspricht und sich zudem noch durch eine Wirtschaftspolitik, die nach außen protektionistisch ist und nach innen lästige Restriktionen abbaut, um das Wohl der Massen zu kümmern scheint, der hat gute Chancen, den USA seinen Stempel aufzudrücken, sie neu zu justieren – unter dem Rubrum: Volksnähe und Wiederbelebung der Demokratie.

Das *zweite Narrativ* sieht die „Volksnähe" als gezielte Veranstaltung einer von einem charismatischen Führer dominierten Clique (einer alternativen Elite), insbesondere aus der Welt von Wirtschaft und Finanzen, die sich bislang von der in Washington etablierten Politik ausgeschlossen oder nicht ernst genommen sah und die nun auf radikale Weise nach der Macht greift. Die Idee ist es, die Exekutive zu erobern, zu „verschlanken" und dadurch schlagkräftiger zu machen sowie die verfassungsmäßigen Kontrollen durch eine unabhängige Justiz und freie Medien systematisch auszuhebeln oder – im Besitz der Macht – einfach zu ignorieren. Ende der Gewaltenteilung.

Der Chef dieser Clique macht sich tendenziell zum Autokraten, der im globalen Rahmen mit anderen Autokraten auf Augenhöhe Arrangements trifft, die ihn in seinem Einfluss bestätigen. Durchaus geht es um imperialen Einfluss. Der Isolationismus erscheint vor diesem Hintergrund als ideologischer Schleier.

Demokratische Bestrebungen überall auf der Welt und insbesondere die noch bestehende Demokratie in Europa werden ebenso wie die im eigenen Land behindert.

Zunächst geht es um Profitinteressen in kurz- bis mittelfristiger Perspektive (*Fracking* statt *Klimaschutz*). Um aber dennoch auch langfristig am Reichtum dieser Welt über Gebühr partizipieren zu können, wird auf die Ressource „Macht" gesetzt. Diese gilt es zu verstetigen: wobei die gewachsenen demokratischen Strukturen der USA als Hindernis gesehen werden.

Schon gibt es Stimmen, die – gegen die Gesetzeslage – eine dritte Amtszeit Donald Trumps fordern, und nach der Nichtakzeptanz des Wahlsiegs von Joe Biden ist die Sorge groß, dass es bei künftigen Wahlen zu Manipulationen zum Nachteil der Demokraten kommen könnte – und das bei geschwächter oder ignorierter Rechtsprechung.

Wenn dem zweiten Narrativ nur etwas Plausibilität zukommt, wird die amerikanische Demokratie schon bald vor ihrem größten Test stehen.

Was Sie aus diesem *essential* mitnehmen können

- Das Erfassen der Dimensionen, in denen in den USA ein gesellschaftlich-politischer Umbruch geschieht: ein Umbau „von oben", der die Grundfeste der amerikanischen Demokratie und die Struktur des internationalen Systems berührt.
- Die Einladung zur Analyse der Folgen, die von der neuen US-Politik in unterschiedlichen, wichtigen Handlungsfeldern zu erwarten sind.
- Einen Denkanstoß: Wie sollte sich Europa künftig verhalten – auf das Phänomen des Trumpismus reagieren? Oder mehr als nur reagieren?

Literatur[1]

Baker, P./Glasser, S. (2022), The Divider: Trump in the White House, 2017–2021, Anchor Books, New York, N. Y.

Bierling, S. (2020), America First – Donald Trump im Weißen Haus. Eine. Bilanz, C. H. Beck, München.

Giesen, C. et al. (2025), Böses Amerika, gutes China. Donald Trump legt sich mit dem Rest der Welt an und provoziert eine neue Rollenverteilung in der Welt-wirtschaft, Der Spiegel, Nr. 15, 5. April. S. 8–12.

Habermann, M. (2022), Täuschung: Der Aufstieg Donald Trumps und der Untergang Amerikas, Siedler, München.

Kamatovič, T. (2025), USA: Wirtschaft, Macht und die neue Ordnung, International, Wien, Nr. 1, S. 20–22.

Moore, J. (2009), Sommersprossenfeuerkopf, Berlin-Verlag, Berlin.

Rodenberg, H.-P. (Hg.) (2017), Trump – Politik als Geschäft, LIT, Münster.

Seeßlen, G. (2017), Trump! Populismus als Politik, Bertz & Fischer, Berlin.

Trump, M. L. (2020), Too Much and Never Enough: How my Family created the World's Most Dangerous Man, Simon & Schuster, New York, N. Y.

Wögerer, M. (2025), Tabula Rasa Americana: Make Latin America Your Backyard Again, International, Wien, Nr. 1, S. 22–24.

Woodward, B. (2018), Furcht: Trump im Weißen Haus, Rowohlt, Reinbek b. Hamburg.

Woodward, B./Costa, R. (2021), Gefahr: Die amerikanische Demokratie in der Krise, Hanser, München.

---

[1] Eine erste kritische Bewertung der neuen Präsidentschaft Trumps gab Claude Malhuret, Senator der französischen Republik (französisch mit englischen Untertiteln): https://www.youtube.com/watch?v=m8qSZO4jvTI.

GPSR Compliance

The European Union's (EU) General Product Safety Regulation (GPSR) is a set of rules that requires consumer products to be safe and our obligations to ensure this.

If you have any concerns about our products, you can contact us on ProductSafety@springernature.com

In case Publisher is established outside the EU, the EU authorized representative is:

Springer Nature Customer Service Center GmbH
Europaplatz 3
69115 Heidelberg, Germany

Batch number: 08588511

Printed by Printforce, the Netherlands